愛因斯坦

邏輯推理遊戲精選

樂律

- 形象作圖
- 假設排除
- 應變迂迴
- 聯想分析

張蓉 著

別被表面數字誤導
15個訓練方向讓你越玩越聰明！

獨具匠心的小遊戲，全面激發邏輯潛力
全年齡適用的益智挑戰，隨時助力大腦升級

目 錄

前言	005
Part1　形象能力訓練思維遊戲	009
Part2　類推能力訓練思維遊戲	021
Part3　作圖能力訓練思維遊戲	033
Part4　假設能力訓練思維遊戲	047
Part5　排除能力訓練思維遊戲	069
Part6　遞推能力訓練思維遊戲	091
Part7　倒推能力訓練思維遊戲	111
Part8　計算能力訓練思維遊戲	127
Part9　求異能力訓練思維遊戲	143
Part10　應變能力訓練思維遊戲	155

目錄

Part11	迂迴能力訓練思維遊戲	175
Part12	發散能力訓練思維遊戲	193
Part13	聯想能力訓練思維遊戲	207
Part14	分析能力訓練思維遊戲	223
Part15	綜合能力訓練思維遊戲	241

前言

當提到二十世紀最偉大的科學家，相信所有人都會脫口而出同一個名字——愛因斯坦。那麼你想不想了解，這個最偉大的科學家是怎樣一點一點變成最優秀的科學家的呢？那我們當然要從小時候的阿爾伯特·愛因斯坦開始說起啦！

愛因斯坦在很小的時候是一個不太喜歡說話的孩子，在他還沒有上學的時候，他便總是撲閃著一雙若有所思的大眼睛看向某個地方，總是一副思考的樣子。小時候的他並不很喜歡同小夥伴們一起玩，相反，他總是一個人沉靜的觀察著身邊的事物，有時他會盯著漂浮在河面上的木塊發呆，有時他會一個人瞧著搬運食物忙碌的螞蟻，有時他還會看著母親彈著鋼琴。雖然幼小的他不能和同齡人一起快樂的玩耍，但對他來說，沉浸於對世界裡各種事物的研究和觀察其實是更幸福，也更加快樂的。

他就是這樣一個擁有著自己的個性，孤獨卻執著的孩子。不愛和人交流，但他卻喜歡一些需要有足夠的耐心才能完成的遊戲。而他的父母也總是溫和地接納幼小脆弱的愛因斯坦。有次他生了病，乖乖的在房間裡休息，他的父親便遞給他一個羅盤，他被那根倔強的指標震驚了，不論他怎樣扭

前言

轉身子或者旋轉羅盤，那根看起來脆弱的指標永遠指向北方，微微動搖之後便不再變化。這段經歷帶給了愛因斯坦很大的震驚和觸動，當時的他雖然還不能深刻地理解這種原理，但這指標為他指明了以後自己努力的方向。那就是不斷地去探究事物的本質。

我們在很小的時候，不也是和愛因斯坦一樣，在面對這個世界的一切事物時，都被深深地震撼和吸引著嗎？為什麼雲朵會帶來雨水，為什麼太陽從西邊落下卻從東邊升起。光是關注著這個世界的一切，便足夠令人感動。既然這樣，那就讓我們再一次滿懷內心的感動，重新試著去觀察和了解這個世界的邏輯和規律，成為不斷追尋理性的人吧！

或許你心底還會有一些遲疑，可是我們又該如何提升自己的邏輯思維能力呢？為了方便讀者朋友們培養自己的邏輯思維，編者就編寫了這本書，透過閱讀本書和練習書中的試題，便可以在趣味無窮的遊戲中提升自己的邏輯思維能力，從而更好地認識和了解這個大千世界。

本書共分為十五個章節，分別從形象能力訓練、類推能力訓練、作圖能力訓練、假設能力訓練、排除能力訓練、遞推能力訓練、倒推能力訓練、計算能力訓練、求異能力訓練、應變能力訓練、迂迴能力訓練、發散能力訓練、聯想能力訓練、分析能力訓練、綜合能力訓練等方面來鍛鍊不同的

邏輯思維能力，如觀察、判斷、推理、分析、類比、創新、應變等。透過這些有趣又有意義的邏輯思維小遊戲，引導讀者朋友們更好地去思考，從而鍛鍊培養邏輯性思維。

如果讀者朋友們認真地閱讀了本書，並且覺得內容確實非常有趣的話，不妨拿起書本去和朋友一起完成這些趣味十足的小遊戲。相信在這種互動中，我們能夠更好地了解邏輯思維並不斷提升自己的邏輯思維。

所以，現在，就在此刻，請閱讀本書吧！相信它不會讓你感到失望！在一次次邏輯的小小漩渦中激流勇進，捉住那條游移在我們的生活當中狡點的邏輯之魚，並讓我們一同分享這份勝利的喜悅吧。只要我們能堅持不斷地去鍛鍊，我們便一定能到達邏輯鏈條之下的凱旋門！

前言

Part1
形象能力訓練思維遊戲

　　世界上的所有事物都真的如跟我們表面看起來的這樣嗎？我們看見的真實又究竟有多少才是真實存在的？魔術師的帽子裡是否真的連線著一個有著很多兔子和鴿子的房間？這個世界總是在向我們展示著我們並不熟知的一面。

　　觀察、實踐將是我們的唯一武器。我們不斷長成大人，上學、接觸新的世界和事物。在動物園裡看見老虎和大象，在田野裡遇見稻穀和青蛙，我們在不斷成長的過程中接觸的更多，也了解了更多。也正只有如此，我們在不會困在書本和城市構築的世界中，感受不到大象的高大聰慧，也難以理解稻穀成熟時散發的香氣。

　　在本章節，你所需要的就是仔細地觀察並透過實踐來找出問題的答案，現在就來開始我們的冒險吧！

蜜蜂裝修

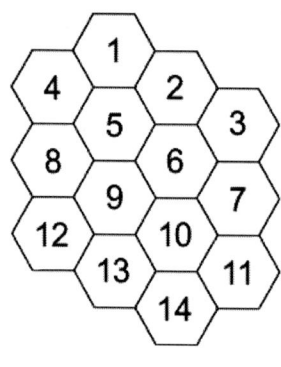

蜂箱中的兩隻蜜蜂正在忙著裝修新房，牠們試圖將蜂房上的這些數字重新排列，並且要使每兩個相鄰蜂房上的數字彼此不連續，且任意一個數字都不能與可以整除它的數字相鄰（數字1除外）。那麼，你知道這些數字該怎樣重新排列嗎？

答案

只要你認真嘗試，你會發現這道題有多種解答，下面是其中一種。

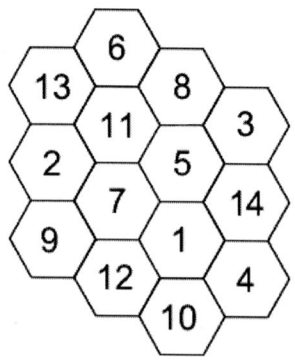

莫比烏斯帶

我們知道，一張紙條首尾相接可以形成一個紙圈，如左上圖所示。如果將紙條的一端旋轉 180 度，再次首尾相接，就可以得到一個莫比烏斯帶，如下圖中的右上角所示。現在，如果沿著莫比烏斯帶的平分線，即如圖所示黑線剪開，會得到一個什麼樣的結果呢？

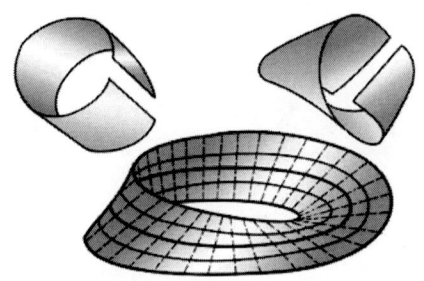

答案

會得到一個連續兩圈的螺旋狀圖形，圖形長度是原莫比烏斯帶長度的兩倍。該圖形有兩條邊界線纏繞，但不相連。

魔幻三角

隨處可見的火柴其實有很多妙用，它可以拼湊出形狀各異的圖形，啟發智慧。你可以用9根火柴擺成下圖的3個三角形，然後找來你的夥伴，給他出一道邏輯題。要求他僅移動其中3根火柴，將這3個三角形一秒鐘變為5個三角形，看他能否做到。

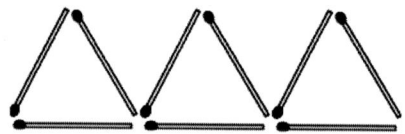

答案

答案如圖所示。是不是很簡單呢？

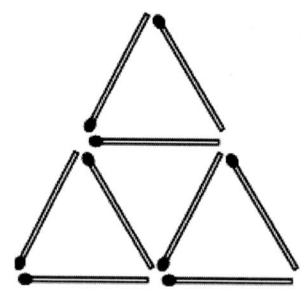

為小貓接尾巴

在2分鐘內為這8隻小貓配上合適的尾巴，使牠們「復活」。

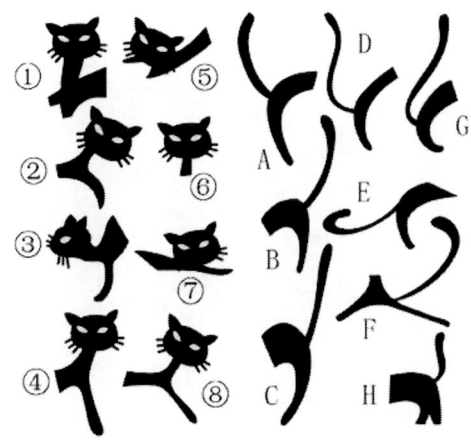

答案

①H，②D，③C，④G，⑤B，⑥F，⑦E，⑧A。

分割場地

方框內的 10 個小黑點分別代表 10 枚西瓜子。請你動動手,畫出 3 條直線,將方框分成 5 塊,並且每一塊中均有兩枚西瓜子。你能做到嗎?

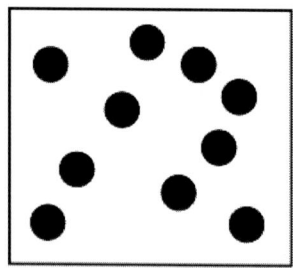

答案

如圖所示。

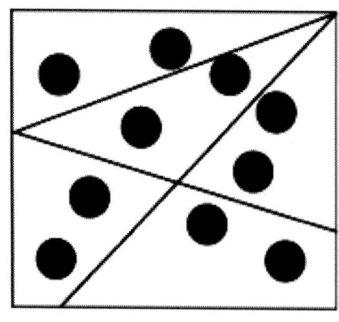

拼圖投影

A、B、C、D 分別是 4 個人的投影,其中每個投影都是由下面的兩幅圖拼成的。你來猜猜看,這 4 個投影分別是由下列哪兩幅圖拼成的?

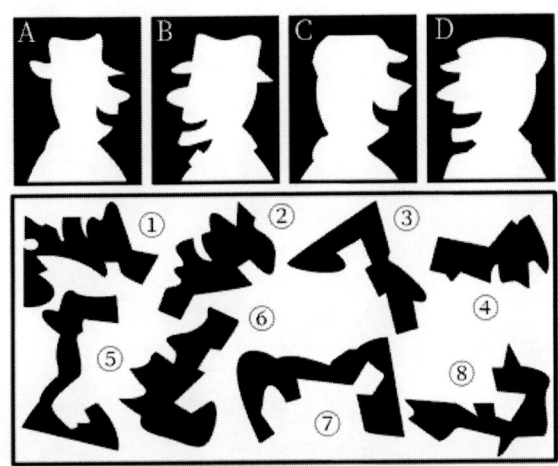

答案

答案為 A（④、⑤）,B（①、⑧）,C（③、⑥）,D（②、⑦）。

Part1　形象能力訓練思維遊戲

思維陷阱

圖中桌上放著 4 張矩形硬紙板，你能將它們拼成一個完整的正方形嗎？

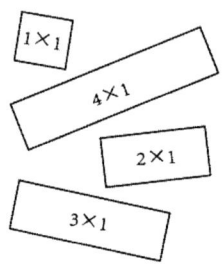

答案

　　如果按正常的思維來解這道題的話，你一定會陷入困惑。此時，你應該發揮你的想像力，最終你會發現，答案完全超出正常思維的想像。答案如圖所示，4 張硬紙板的每個邊組成了一個「虛擬」的正方形。

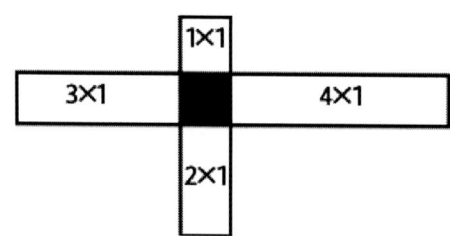

硬紙撐杯

桌子上放著兩個杯子，如圖所示，杯口朝上，一張較硬的紙張平鋪在兩個杯子上面。現在，小夏要為大家表演一件神奇的事情，那就是：在這張紙的中間再放一個酒杯，並確保紙張能夠支撐起酒杯的重量。你知道她是怎麼做到的嗎？

答案

波浪形狀使紙片在水平方向產生恢復張力，該力為紙片被拉斷爭取了時間。答案如圖所示。

Part1　形象能力訓練思維遊戲

溜冰的小孩

圖中，與左上角溜冰小孩姿態相同的小孩共有幾個？

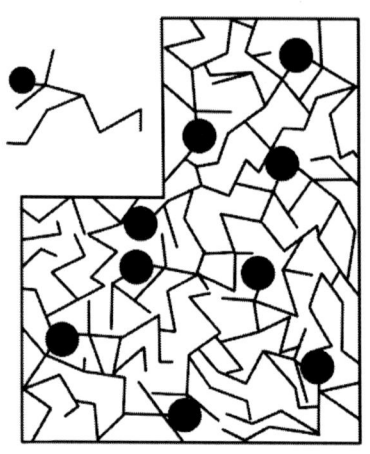

答案

答案為只有一個，位於最下方中間的那個。

骰子背後的祕密

下面是3個疊在一起的骰子,請問垂直隱藏的兩個面(側面和背面)上的點數之和是多少?

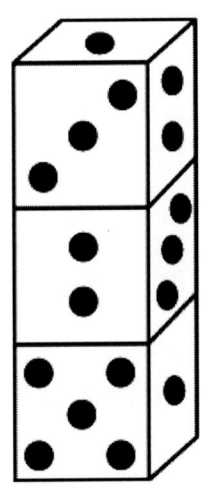

答案

答案為26。骰子對面兩側的點數之和永遠是7。由此推知,從上到下,3個骰子側面和背面的點數依次是5、4、4、5、6、2,所以點數之和為5+4+4+5+6+2=26。

Part1　形象能力訓練思維遊戲

Part2
類推能力訓練思維遊戲

　　為什麼我們不會認錯小鴨子和小雞呢？當我說到小鴨子的時候，你的腦海裡是不是已經出現了一隻黃黃的，毛茸茸的小傢伙？牠有著扁扁的嘴巴和紅紅的蹼，一搖一擺走起路來的樣子可愛極了。而小雞則有著尖尖的小嘴巴和嫩黃色的小爪子，走在地上留下了竹葉一樣的足跡。

　　小鴨和小雞明明看上去極為相似，但我們卻總是能夠憑藉牠們的不同點將牠們分辨開來，這其實就用到了我們的類推能力！正是由於我們將擁有相同特徵的事物區分成不同的類別，才不會搞混動物的類別。這其實正是一種類推能力的體現！

　　讓我們此刻就出發並開始我們的冒險吧！就從這一章節的遊戲開始，去不斷訓練自己的類推思維，逐漸去探求整個世界的奇妙規律。

找規律選圖（一）

仔細觀察圖形，找出其中的規律，在選項中挑選合適的答案填在問號處。

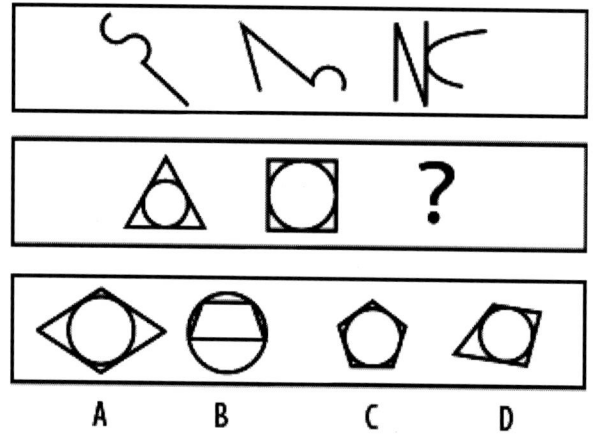

答案

答案為 C。左圖的規律是：每個圖案均由一段折線和一段弧線組成，而且折線的段數依次增加。右圖的規律是：圓外切一個多邊形，且多邊形的邊數在不斷增加。

找規律選圖（二）

仔細觀察圖形，找出其中的規律，在選項中挑選合適的答案填在問號處。

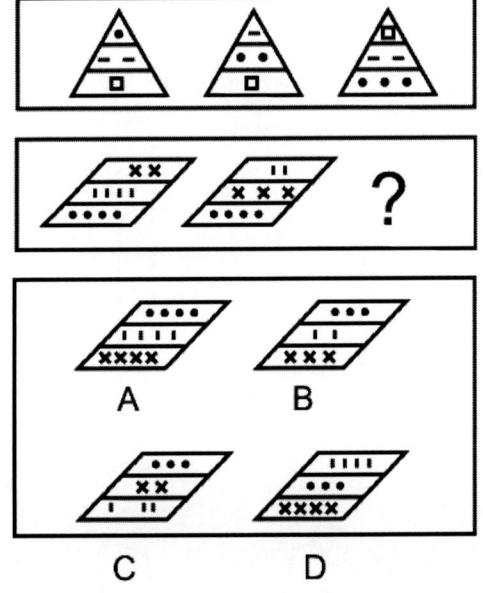

答案

答案為 A。將左圖圖案中的符號一一類比到右圖即可找出答案。

挑選異類（一）

仔細觀察圖形，找出一幅與其他圖形有所不同的影像。

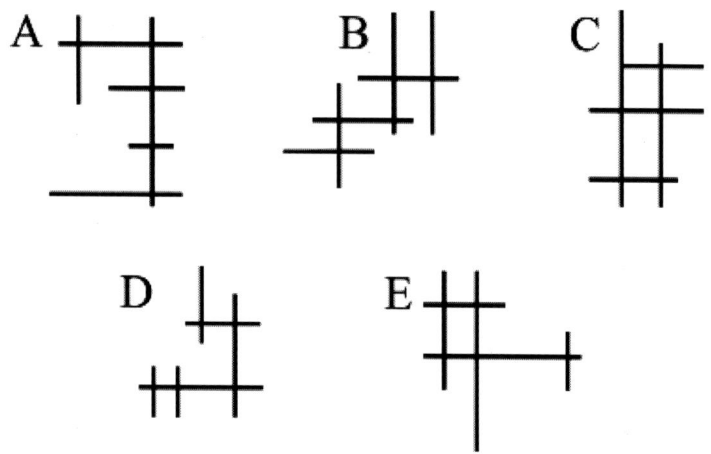

答案

答案為 B。只有在此圖中，橫向直線的數目和縱向直線的數目相等。

挑選異類（二）

下面 5 個圖形中，有 1 個是和其他 4 個圖形不同類的，請找出這個圖形（同類的 4 個圖形的相同點不是對稱）。

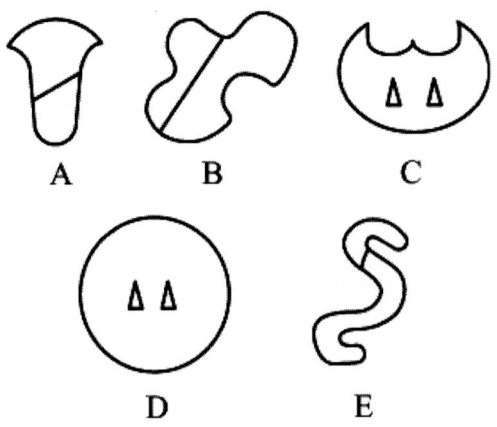

答案

答案為 D。其他圖形均包含凸面和凹面，唯獨 D 只包含凸面。

挑選異類（三）

下面的 5 個圖形中，有 1 個和其他 4 個圖形不同類，請找出這個圖形。

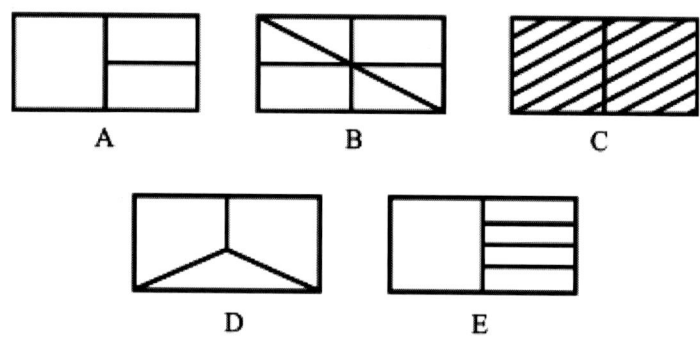

答案

答案為 D。D 是唯一沒有被直線平分的圖形。

圖形對應

如圖所示,圖形 A 對應圖形 B,那麼,與圖形 C 相對應的是 D、E、F、G、H 中的哪個圖形呢?

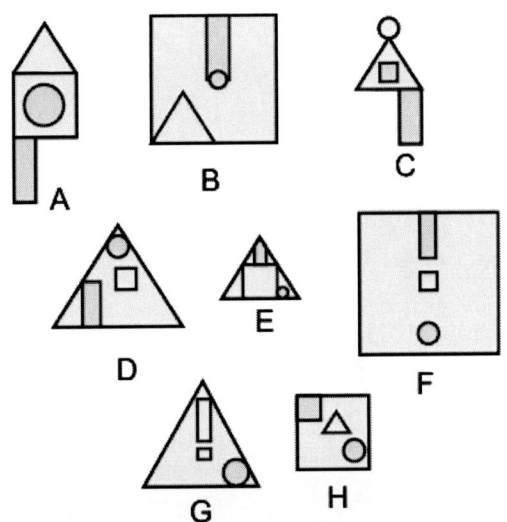

答案

答案為 G。圖形 A、B 之間的關係是:B 圖是 A 圖中的上、下兩個圖形對調,且全部移入中間較大的圖形中來,而中心較小的圖形則變得更小。

圖形類推

A、B、C、D、E五個圖形中哪一個是正確的類推結果？

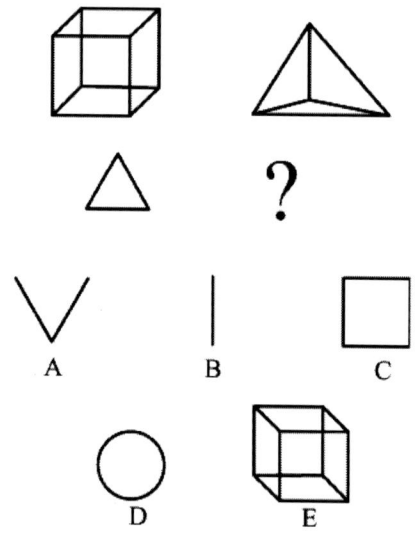

答案

答案為 A。立方體的面數與三角柱的面數之比為 3：2。因此，下圖中三角形的邊數與該圖形的邊數之比也應為 3：2。

圖形組合

根據下圖的前 4 個圖形,判斷下一個圖形將是選項 A、B、C、D 中的哪個?

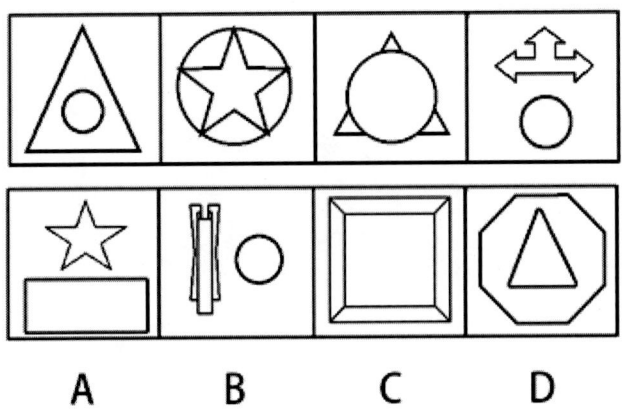

答案

答案為 B。前四幅圖中均含有圓。

黑白球金字塔

下圖是一個由黑球和白球組成的金字塔,請找出其中的規律,將金字塔的上層部分補齊。

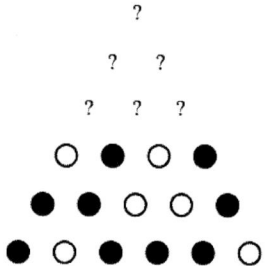

答案

細看底層的黑球和白球,你會發現最底層的兩個相鄰的球若顏色不一,則兩球上方的球為黑色;若顏色相同,則兩球上方的球為白色。依此規律可以得到下面的圖。

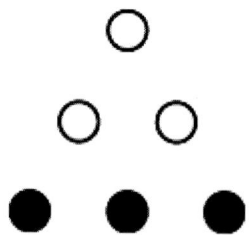

對號入座（一）

根據下圖的前 4 個圖形，判斷第 5 個圖形將是選項 A、B、C、D、E 中的哪個？

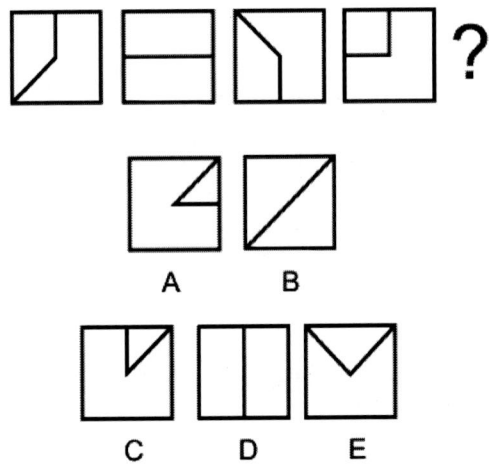

答案

答案為 C。注意觀察方框中兩條直線的變化規律。方框中下面的一條直線按順時針方向旋轉 45 度，上面的一條直線按順時針方向旋轉 90 度，依此得到後面的圖形。

對號入座（二）

根據下圖的前 4 個圖形，判斷第 5 個圖形將是選項 A、B、C、D 中的哪個？

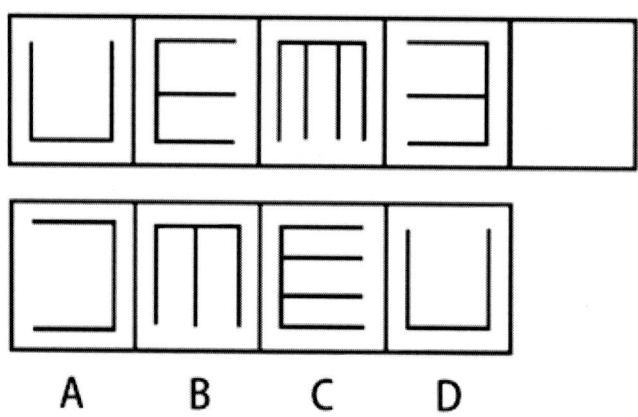

答案

答案為 D。第一、二幅圖與第四、五幅圖對稱。

Part3
作圖能力訓練思維遊戲

　　同學們有沒有看過地圖呢？不論是僅僅標註著里程和方向的地圖，還是畫著粗粗細細等高線的地圖，都凝結作圖師的心血。一張地圖需要的是我們無法想像的前期準備和後期測量的工作，而這又要求作圖師的嚴謹和認真。

　　相信大家都對 3D 電影不再陌生，那麼你是否知道一張畫在紙上的圖，只需經過稍微地加工，也能成為一幅看起來幾乎能夠「躍」出紙面的 3D 圖？僅僅依靠紙筆，優秀的畫家就可以創作出幾乎可以亂真的作品。

　　雖然在這一章中，我們並沒有向你們提供這樣的練習，但是這些基礎的作圖能力練習同樣能夠幫助你更容易理解圖畫的神奇之處。讓我們從現在開始，為日後的繪畫打下堅實的基礎吧！

拼湊正方形

將下圖 A、B、C、D、E 五個點圍成的圖形切成兩部分,然後拼成一個中間為方孔的正方形。

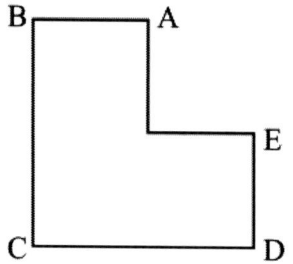

答案

如圖所示。

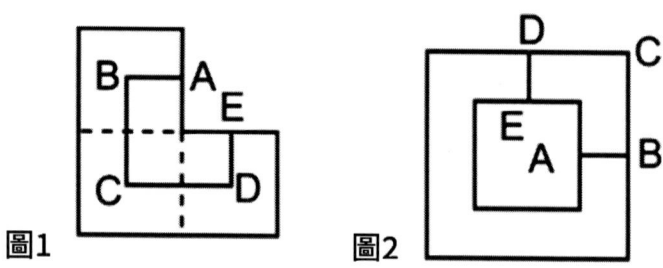

圖1　　　　圖2

分割馬蹄

在下圖的馬蹄形上裁剪兩刀,將馬蹄形分成 6 塊。你能做到嗎?

答案

如圖所示。

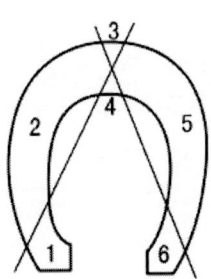

Part3 作圖能力訓練思維遊戲

變廢為寶

有一塊如圖所示的廢鐵料,它由一個正方形和一個等腰三角形構成。你能否將其合理地裁剪,在不浪費材料的情況下,將它拼成一個正方形鐵板?

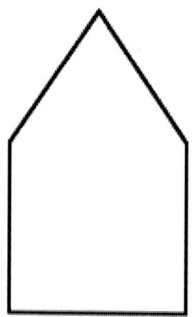

答案

能,答案如圖所示。

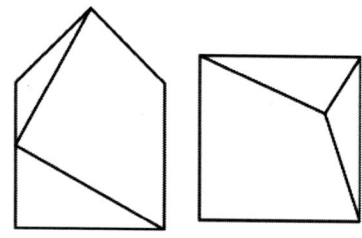

聰明的小狗

4隻可愛的小狗為了得到9根骨頭發生了爭執，牠們找來大象評理。大象裁判向4隻小狗出了一道邏輯思維題。牠將這9根骨頭如圖放置，要求小狗們在鉛筆不離開紙的前提下，用4條直線將9根骨頭連起來，誰先做到誰就能得到這9根骨頭。

答案

如圖所示。

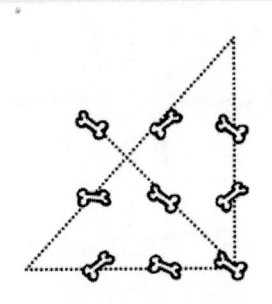

Part3　作圖能力訓練思維遊戲

太陽與風車

　　用 12 根火柴圍成太陽的形狀，試著移動其中的 4 根火柴，使太陽變成一個大風車。

答案

如圖所示。

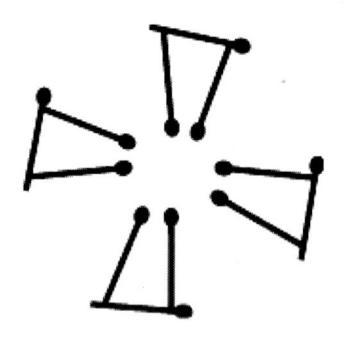

切割方形孔圓板

　　這是一塊帶有方形孔的圓形木板,方形孔的周圍對稱打了 4 個小圓孔和 4 個小三角孔。請你將這塊圓形木板切割成大小相等、形狀相同的 4 塊,使每一塊上均包含一個小圓孔和一個小三角孔。請問怎麼切割才最符合要求?

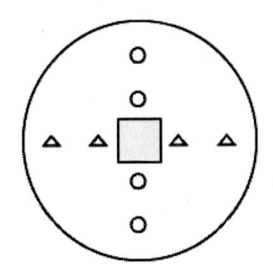

答案

如圖所示。

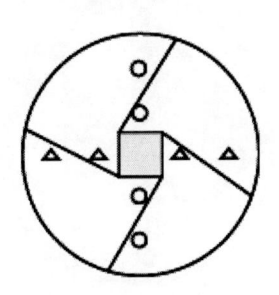

Part3　作圖能力訓練思維遊戲

背道而行的小魚

　　試著從黑色和白色三角形上各剪下一塊大小相等、形狀相同的三角形,將兩個三角形互相交換位置後,使整個圖形看上去像兩條背道而行的小魚。

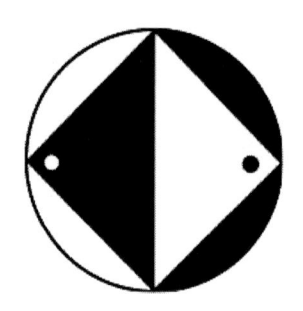

答案

如圖所示。

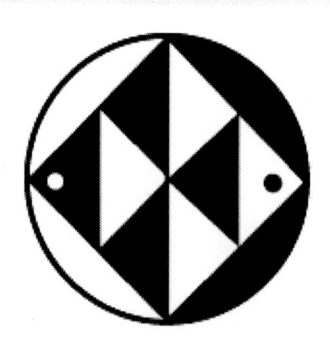

為每顆星定位

　　11 顆五角星按圖示位置排列。請在圖中畫 5 條直線，將圖案進行分割，使每顆星星都有屬於自己的空間（各部分空間大小不必相同）。

答案

　　如圖所示。

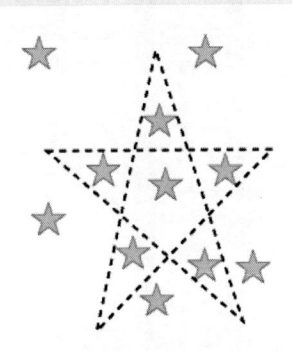

Part3　作圖能力訓練思維遊戲

天下沒有免費的午餐

天下沒有免費的午餐，小老鼠艾瑞克為了吃到一頓美味的起司，也要歷經一番周折，你能幫牠找到通往起司的路嗎？

答案

如圖所示。

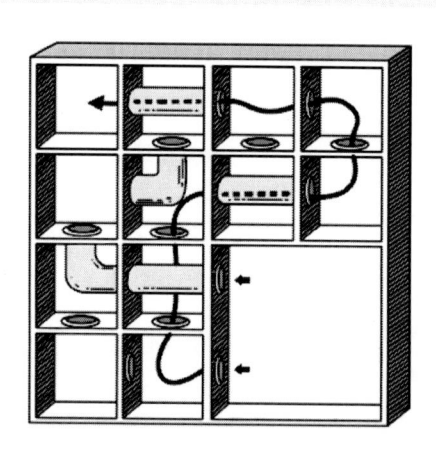

042

五子棋

小黑喜歡下五子棋。某次，他擺了如圖所示的「棋局」，對小白說：「你能否連續畫出 6 條直線，使這些直線穿過每一個棋子？當然，有兩顆棋子可以經過兩次。」小白思考了半天都沒能解答出來，你來幫幫他吧。

答案

如圖所示。

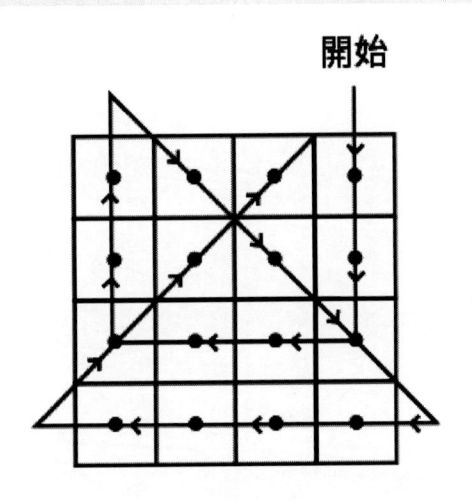

Part3　作圖能力訓練思維遊戲

羅慕洛先生的麵包

羅慕洛先生是位麵包師，下圖中交叉纏繞狀的麵包是他獨創的一種麵包樣式。那麼，你猜一猜，這種麵包一刀切下去最多可以分成幾份呢？

答案

答案為 10 份，切法如圖所示。

拼方形桌布

這是一塊不規則的布料,喜兒想用它做一塊方形的桌布。你來幫她設計一下,看如何裁剪,能夠拼成一塊方形桌布?

答案

如圖所示。

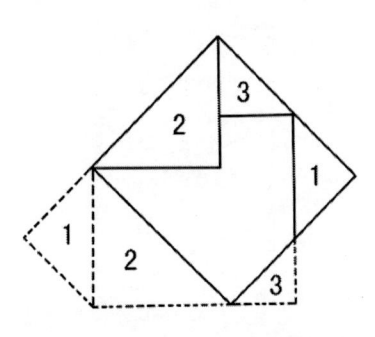

045

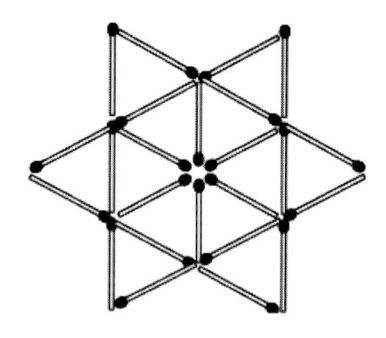

Part3　作圖能力訓練思維遊戲

六角變花

用 18 根火柴圍成如圖所示六角星,請移動其中的 6 根火柴,將其組合成由 6 個菱形圍成的花形。

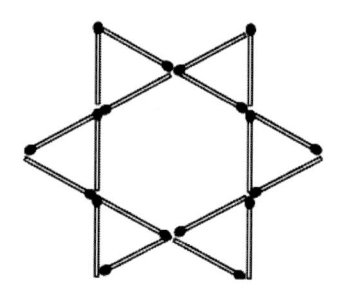

答案

如圖所示。

Part4
假設能力訓練思維遊戲

　　大人說話總是很喜歡繞彎子，當母親想要讓你乖乖吃掉你不喜歡吃的蔬菜的時候，她總是會說：「鄰居家的小姑娘從來也不挑食，而且因為不挑食個子也高了，樣子也好看。」大人的道理總是說也說不完，但是聰明的孩子總是能夠理順所有的前提，從而找到問題的本質，在第一時間就弄明白母親究竟想說什麼。

　　大人們講這種東西稱之為邏輯，其實這種規律既不困難也不複雜，更像是事物之間的加減法，當我們將所有的因素一一列在面前，矛盾的地方就會顯露，我們只需要把錯誤的矛盾都消除掉，便能找到最後的真相。

　　那麼，聰明的你是否準備好迎接接下來的挑戰了呢？快來本章回答問題，大顯身手吧！

到底什麼漲價了

最近,北國一座小城遭遇暴雪侵襲。受雪災影響,某些生活必需品,如糧、油、蛋、奶等開始紛紛漲價。三位主婦對此滿腹牢騷,連聲抱怨。

姜女士說:「要是稻米漲價的話,食用油的價格也要上漲了。」

曹女士緊接著說:「食用油一漲價,雞蛋也要漲了。」

楊女士「見縫插針」,忙說:「如果雞蛋漲價,牛奶自然也會漲的。」

三位女士的話語貌似正確,但實際上,這四種食品中只有兩樣東西確實漲價了。請問,你知道是哪兩種嗎?

答案

假設稻米漲價的話,那麼,按照三位女士的說法,食用油、雞蛋、牛奶通通會漲價,不符合事實。然後依次類推,我們看出,只有楊女士的說法成立,才能符合事實。所以,最後的答案是「雞蛋和牛奶」漲價了。

興趣愛好

　　教室裡有兩男兩女在一起聊天，談到彼此的興趣愛好時，他們之間說了這樣一番話。男生甲說：「張美玲喜歡唱歌。」男生乙說：「我喜歡足球，但我不是李文龍。」女生甲說：「有一個男生喜歡籃球，但我知道，那肯定不是劉少飛。」女生乙說：「王藝喜歡寫作，但我不喜歡。」

　　根據他們的對話，你能迅速判斷出他們各自的愛好嗎？

答案

　　同樣以假設的辦法來推斷，最後可知：李文龍的愛好是籃球，劉少飛的愛好是足球，張美玲的愛好是唱歌，王藝的愛好是寫作。

生死考驗

一位探險者在野外探險時誤入食人族部落,生命危在旦夕。食人族部落的人有個習慣,他們喜歡和欽佩充滿智慧的人,於是,他們決定考驗下這位探險者。如果他通過了考驗,便可以活下來。他們找來3個碗和3張紙條。3張紙條上只有一張寫著「生」字,其餘兩張均寫著「死」字。他們分別將這3張紙條壓在碗下,並在每個碗上留下一句提示。第一個碗上寫著「若選此碗,必死無疑」。第二個碗上寫著「選擇第一個碗,可以活命」。第三個碗上寫著「選擇此碗,亦將死去」。

做完這一切後,他們告訴探險者:「這三句提示中,只有一句是真的。」聰明的探險者只思考了一會兒,就選出了那個壓著「生」字的碗。你知道他選的是哪個碗嗎?

答案

探險者是用假設法猜出來的。假設第一個碗壓著的是「生」字,那麼,第二、三句話則是正確的,所以不在第一個碗中。假設第二個碗壓著「生」字,那麼,第一、三句話正確,故亦不在此碗。因此,第三個碗壓著的紙上寫的是「生」字。

量體重

現在大部分人都非常在意自己的體重,並小心翼翼地控制它。職員小雷、小雨、小雲和小雪每次在公司吃完午餐後,都會刻意地站在辦公室的「體重計」上測量,然後彼此調侃一番。於是,某次,他們有了如下對話。

小雷:「小雨比小雪輕。」

小雨:「小雷比小雲重。」

小雲:「我比小雪重。」

小雪:「小雲比小雨重。」

奇怪的是,在這些對話中,只有體重最輕的人說的話是真的,其他人說的話全是假的。那麼,他們四個人的體重順序該是怎樣的?

答案

若是小雪最輕,那麼,小雲比小雨重。而由小雲所說「我比小雪重」為假,可推出:小雪比小雲重。所以,假設不成立。以此類推,小雲和小雨也不是最輕的。若是小雷的體重最輕,那麼,小雨比

Part4　假設能力訓練思維遊戲

小雪輕，所以小雪所說為假。由此推出，小雨比小雲重。那麼，小雪一定比小雲重。於是，以小雲所說為假推出，小雲沒有小雪重。這樣，假設成立。所以，他們的體重從輕到重依次是：小雷、小雲、小雨、小雪。

海的顏色

范杏春早就想去看大海了,趁著放暑假,她迫不及待地打理行裝,向夢想的地方出發。終於在一個充滿詩意的黃昏,她看到了與想像中不一樣的真實的大海。回來後,那些沒去過大海的夥伴們都欣羨不已,忍不住向她詢問海的顏色。她卻故意賣關子,滿臉神祕地說:「你們猜猜看吧,它是深藍、棕紅和碧綠三種顏色中的哪一種。」

婉婷說:「應該不是深藍色吧。」

彤彤說:「不是棕紅就是碧綠色的吧。」

晶晶說:「那一定是棕紅色的。」

「好啦,你們至少有一個人猜對了,至少有一個人猜錯了。」范杏春依舊沒有明說。

那麼現在,你知道范杏春看到的大海到底是什麼顏色的嗎?

答案

海是碧綠色的。假設大海是深藍色的,那麼,她們三個人都猜錯了,這就與范杏春的最後一句話

053

Part4　假設能力訓練思維遊戲

相矛盾。假設大海是棕紅色的,那麼,她們三個人的話沒有一個是錯誤的,這也與范杏春所言不符。假設大海是碧綠色的,那麼,婉婷和彤彤都猜對了,而晶晶則猜錯了,與范杏春所言相符。所以,大海是碧綠色的。

撲克牌的花色

楊老師喜歡玩撲克牌,更喜歡用撲克牌為同學們表演遊戲。有一次,他拿著 13 張撲克牌對同學們說:「這 13 張牌包含紅桃、黑桃、梅花和方塊 4 種花色,每一種花色的牌的張數不同。其中,黑桃和方塊的張數總和為 5 張,紅桃和黑桃的張數總和為 6 張,某一種花色的牌為 2 張。」

「那麼,同學們,你們能告訴我這種數量為 2 的撲克牌是什麼花色嗎?」

假如你是楊老師的學生,你能解答嗎?

答案

假設這種花色為 2 張的撲克牌為黑桃,那麼紅桃的數量為 4 張,方塊的數量為 3 張。根據 4 種花色撲克牌總數為 13,得出梅花的數量也為 4 張。顯然,這與題意不符。

假設該花色為紅桃,那麼,黑桃為 4 張,方塊為 1 張。根據總和為 13,得出梅花為 6 張。這恰與題中「每一種花色的牌張數不同」相一致。所以,這兩張撲克牌的花色為紅桃。

巧辨職業

蒂娜、安哥拉、辛德瑞拉三個人大學畢業後，分別選擇了不同的職業，他們三人中，有一人繼續攻讀碩士；一人供職於一家企業，成為一名上班族；另一人嫁人做了家庭主婦。現在已知，辛德瑞拉的年齡比家庭主婦大，上班族的年齡比安哥拉小，蒂娜的年齡和上班族的年齡不一樣。現在請你把三個人和他們的職業選擇對應起來。

答案

假設安哥拉是上班族，那麼，明顯與題意不符。

假設蒂娜是上班族，那麼，由「蒂娜的年齡和上班族年齡不一樣」知道，蒂娜不可能是上班族。

所以，辛德瑞拉是上班族。因為辛德瑞拉的年齡比安哥拉小，所以年齡小於辛德瑞拉的家庭主婦一定是蒂娜。那麼，安哥拉一定是在讀碩士了。

分辨礦石

地質課上，老師讓同學們仔細辨認一塊礦石的材質，並讓三位同學作答。

吳蕭晨說：「這既不是鎳也不是鐵。」

林思宇說：「這應該是銅而不是鐵。」

應採擷說：「這不是鎳，而是鐵。」

老師總結了三人的回答後說：「你們三人有一人全部答對了，有一人全部答錯了，另外一人半對半錯。」

根據老師的評語，你知道該礦石是什麼材質嗎？

答案

假設吳蕭晨全部答對了，那麼，林思宇和應採擷均是半對半錯，與題意不符。

假設林思宇全部答對了，那麼，吳蕭晨和應採擷亦均是半對半錯，與題意不符。

所以，應採擷全部答對了，林思宇全部答錯，吳蕭晨半對半錯。該礦石為鐵礦石。

火腿與豬排

小安、小福和小明三人去餐廳吃飯,他們要的不是火腿,就是豬排。已知有以下假設。

①如果小安要的是火腿,那麼小福要的就是豬排。

②小安或小明要的是火腿,但是不會兩人都要火腿。

③小福和小明不會兩人都要豬排。

那麼,誰要的是火腿,誰要的是豬排?

答案

根據①和②,如果小安要的是火腿,那麼小福要的就是豬排,小明要的也是豬排,這種情況與③矛盾,因此,小安要的只能是豬排。於是,根據②,小明要的只能是火腿,小福要的豬排。

糾結的愛

黛薇是一位氣質優雅、端莊賢惠的女教師,經常有愛慕者向她表達愛意。有一天,她同時收到了兩位男老師的情書。看到情書上熱辣辣的告白,她不好意思直接拒絕,就對兩位男老師說:「我是教數學的,我希望兩位能用數字表達對我的愛。」

第一位男老師陸成開口了:「黛薇,我對妳的愛是趙磊的100倍。」

第二位男老師趙磊緊接著說:「黛薇,我才是最愛妳的,我對妳的愛是陸成的10,000倍。」

黛薇聽完後,嘆口氣說道:「唉,你們口口聲聲說愛我,實際上對我沒有一點愛意。」

黛薇為何這樣說呢?

答案

假設陸成對黛薇的愛是A,趙磊對黛薇的愛是B,由題意知:$A = 100B$,$B = 10000A$。如果兩式成立,那麼,A和B都必須為0。所以,黛薇認為陸成和趙磊對她的愛都為0。

Part4　假設能力訓練思維遊戲

希臘的傳說

傳說，古希臘有一位絕世美女。有一次，她去河邊洗澡，洗完澡後，卻發現自己放在河岸邊的衣服不見了。那麼，這件衣服一定是被人偷走了。於是，圍繞這件事，受害者、救助者、旁觀者和目擊者展開了一系列討論。

海倫說：「莉莉不是旁觀者。」

珊娜說：「莉莉不是目擊者。」

莉莉說：「珊娜不是目擊者。」

凱特說：「海倫不是救助者。」

已知，這些人的說法中只要涉及受害者的都是謊話，涉及其他人的都是真話。那麼，據此，你能判斷出誰是真正的受害者嗎？

答案

假設海倫為受害者，那麼凱特說的話是真的，而按已知條件所說，涉及受害者的話為謊話。兩者矛盾，故海倫不是受害者。

假設珊娜為受害者，那麼莉莉所說「珊娜不是

目擊者」同樣為真話。這與已知條件相矛盾,故珊娜也不是受害者。

假設莉莉為受害者,則海倫和珊娜所言也為真,與已知不符,故莉莉也不是受害者。所以,最終確定,受害者只能是凱特。

星外來客

2222 年，在南極洲的某塊陸地上，出現了一艘神祕的雷射飛船。飛船開啟的那一刻，從船艙裡走出 5 名天外來客。這 5 名天外來客中，2 位來自土星，3 位來自火星。

他們操著不很純正的火星語介紹自己的夥伴。

唐哲說：「戈登和哈利中只有一位來自土星。」

戈登說：「哈利和霍爾中有一位來自火星。」

哈利則說：「霍爾和漢特中有一位是火星人，霍爾和唐哲來自不同星球。」

霍爾說：「戈登和漢特至少有一位來自土星。」

漢特則說：「唐哲和戈登之中有一位是土星人。」

那麼，從他們凌亂的介紹中，你能猜出他們各自來自哪個星球嗎？

答案

用假設法推理，假設哈利來自土星，則依據戈登所說，霍爾來自火星。再依據哈利所說，唐哲也來自土星，那麼，這就與霍爾所言相矛盾，因為如

果戈登和漢特中至少有一位來自土星的話，土星上的人就會超過兩位，這與題目所說「兩位來自土星」相矛盾。所以，戈登應來自土星，依此類推，最後得出：戈登和霍爾來自土星，唐哲、哈利和漢特則是火星人。

作家和藝術家

李逸白、杜少卿、張繼舟、萬重山和莊夢蝶五個人是好朋友。其中，兩個人是作家，三個人是藝術家。作家只說真話；藝術家時而說真話，時而說假話。

某日，五位好友團聚一堂，舞文弄墨，嬉笑怒罵，對飲狂歡，不亦樂乎。席間，諸位分別給對方做出評價，描述如下。

李逸白：「杜少卿絕對不說假話。」

杜少卿：「張繼舟說假話。」

張繼舟：「萬重山說假話。」

萬重山：「莊夢蝶說假話。」

莊夢蝶：「杜少卿說假話。」

李逸白：「莊夢蝶從來不說假話。」

莊夢蝶：「張繼舟也說假話。」

那麼，從他們給對方的評價中，你能猜出，誰是作家，誰是藝術家嗎？

答案

①假設李逸白是作家,他所說句句是真話。那麼,由其所言,杜少卿和莊夢蝶也都是說真話的。這樣,作家便有 3 位,與題意不符。因此,假設不成立,李逸白並非作家。

②再假設莊夢蝶是作家,由其所言,杜少卿和張繼舟二人說謊話,一定不是作家。由①知李逸白也不是作家,得出 3 位藝術家人選。那麼,萬重山就是作家。然而,萬重山說,莊夢蝶說謊。這與假設相矛盾,故莊夢蝶不是作家。

③再假設張繼舟是作家。按其所言,萬重山便是藝術家。由①和②可知,李逸白和莊夢蝶也是藝術家。這樣,餘下的杜少卿應該是作家。但是,杜少卿說,張繼舟說謊。這說明,張繼舟不是作家。所以,假設亦不成立。因此,張繼舟也是藝術家。

綜上所述,李逸白、莊夢蝶和張繼舟為藝術家,那麼杜少卿和萬重山則為作家。

Part4　假設能力訓練思維遊戲

雞兔同籠

有一個籠子裡裝滿了雞和兔。現在已知，雞頭和兔頭共36個，雞腳和兔腳共96隻，那麼，雞和兔各多少隻？

> **答案**
>
> 假設籠子裡裝的全是雞，雞頭數量為36個，雞腳應為72隻，這樣與已知條件雞腳共96隻相比減少了24隻，減少的原因是：如果把一隻兔當成一隻雞時，要減少2隻腳。所以，兔子的個數應是總共減少的腳的數量除以2，即24/2＝12隻。因此，兔子為12隻，那麼，雞為36－12＝24隻。

辨別雄雌

大白兔一家十口住在一個隱祕的山莊裡。這一群大白兔說話很有特點，雌兔說真話，雄兔說假話。某次，小烏龜到大白兔家做客，和牠們攀談起來。小烏龜問道：「你們家到底有幾隻雄兔？」第一隻兔子說：「1隻。」第二隻兔子說：「兩隻。」……第10隻兔子說：「10隻。」你來猜猜看，大白兔家到底有多少隻雄兔呢？

答案

答案為9隻。假設第一隻說話的是雄兔，那麼，牠的回答就是假的，所以兔群中不止一隻雄兔。

假設第一隻說話的是雌兔，那麼，牠的回答為真，所以有9隻雌兔。那麼9隻雌兔說話均應為真，這樣，兔子間的回答顯然產生衝突。因此，第一隻兔子是雄兔。依此類推，可得答案。

Part4 假設能力訓練思維遊戲

Part5
排除能力訓練思維遊戲

　　不知道你有沒有玩過迷宮遊戲呢？在走進迷宮之後，我們總是會迷失方向，並一次又一次地闖進死巷。但當我們走過所有的路徑之後，正是因為我們排除了所有的錯誤選項，我們才能夠在最後的那次成功的走出迷宮。

　　正如江戶川柯南的名言：真相永遠只有一個！當我們不斷剝開纏繞在事物外部虛假的假象之後，唯一剩下的那個一定就是最後的真相和真理。解決問題就從此刻開始吧！讓我們在這一章裡不斷剝去這些虛假的資訊，從而找出事情的真相！

兄弟四人的分工

兄弟四個去野餐，一個負責挑水，一個負責燒水，一個負責洗菜，一個負責做飯。現在知道：老大既不挑水也不做飯；老二既不洗菜也不挑水；老三既不挑水也不做飯；如果老大不洗菜，老四就不願意挑水。

你知道這兄弟四個是如何分工的嗎？

答案

答案為老大洗菜，老二做飯，老三燒水，老四挑水。

羊媽媽分食物

羊媽媽從超市裡買了許多食物,包括青草、麵包、蛋糕、紅蘿蔔等,準備分給喜羊羊、懶羊羊和美羊羊。不過,喜羊羊、懶羊羊和美羊羊喜歡吃的東西各不相同,請根據牠們各自的發言,判斷牠們分別喜歡吃什麼食物。需要提醒的是,牠們各自的發言中,一句為假,一句為真。

喜羊羊:懶羊羊最愛吃的不是紅蘿蔔。美羊羊最愛吃的不是麵包。

懶羊羊:喜羊羊最愛吃的不是麵包。美羊羊最愛吃的不是蛋糕。

美羊羊:喜羊羊最愛吃的不是青草。懶羊羊最愛吃的不是蛋糕。

答案

若是喜羊羊所言「懶羊羊最愛吃的不是紅蘿蔔」是真話,「美羊羊最愛吃的不是麵包」為假話,那麼,美羊羊最愛吃的就是麵包。而懶羊羊所言「美羊羊最愛吃的不是蛋糕」就是真話,而「喜羊羊最愛

吃的不是麵包」就是假話。那麼，喜羊羊愛吃的就是麵包。既然，美羊羊和喜羊羊都愛吃麵包，一定是矛盾的。所以，「懶羊羊最愛吃的不是紅蘿蔔」為假話，「美羊羊最愛吃的不是麵包」為真話。即懶羊羊愛吃紅蘿蔔。

最後可以得出：喜羊羊愛吃青草，懶羊羊愛吃紅蘿蔔，美羊羊愛吃蛋糕。

幸運的孩子

老虎、獅子、獵豹是動物園裡三種凶猛的動物。有一次,分別來自東城、西城和南城的東東、傻蛋和二毛三個小孩不小心「誤入虎口」。幸運的是,他們被動物園的飼養員一一救出。現在已知,救出的孩子分別是東東、西城的孩子和從獵豹口中救出的孩子。而且,傻蛋不是東城的孩子,二毛不是南城的孩子;從老虎口中救出的不是東城的孩子;從獅子口中救出的不是傻蛋;從老虎口中救出的不是二毛。

那麼,綜上所述,這三個孩子分別來自哪裡?他們又分別是從哪種野獸口中被救出來的?

答案

針對其中一個孩子,先做分析,比如東東,我們可以根據題意組成如下組合:

傻蛋:西城的孩子,老虎;
傻蛋:南城的孩子,老虎;
傻蛋:南城的孩子,獵豹;

同樣,根據條件,我們還可以對東東和二毛進行組合,最後,經過綜合分析後的結果是:傻蛋是

Part5　排除能力訓練思維遊戲

西城的孩子，是從老虎口中救出的；東東是南城的孩子，是從獅子口中救出的；二毛是東城的孩子，是從獵豹口中救出的。

雲霄飛車

一群大人和小孩去玩雲霄飛車遊戲。其中大人有 5 人，兩男三女，分別是湯姆、傑克森和萊娜、黛拉、妮維雅；小孩有 4 人，分別是傑西卡、法拉、溫妮和貝蒂。在乘車時，他們每 3 個人一組，共分 3 組。

但是，在分組時要遵循兩個要求：A. 性別相同的大人不能分在一組；B. 傑西卡不能和萊娜一組。

那麼，下列哪個判斷是完全正確的？

a. 有一位婦女和兩個孩子同組。

b. 有一位成年男士和傑西卡一組。

c. 萊娜和一個成年男士同組。

d. 妮維雅那組只有一個孩子。

e. 有一組沒有孩子。

答案

根據條件 A，性別相同的大人不能分在一組，那麼，每一組必有一位女士。兩位成年男士分別分在兩個組裡，剩下的孩子在做分配時，必有兩個孩

Part5　排除能力訓練思維遊戲

子被分在一組裡，並且，這兩個孩子是和一位女士分在一組。所以 b、c、d 不能確定是否正確，可排除；e 則完全不正確，可排除。所以，最終答案是 a。

猜年齡

週末，四個人在一起看電視劇。這部電視劇拍得笑料百出，大家笑得前俯後仰，不禁對裡面的女主角的年齡產生了好奇。四個人爭執一番，但最終只有一人猜對了。

周：「她一定不超過 20 歲。」

劉：「她的年齡在 23 歲以下。」

孫：「她應該在 26 歲以上。」

曹：「她不會超過 26 歲。」

最終答案是哪項？

A. 周說得對。

B. 女主角的年齡在 26 歲以上。

C. 女主角的年齡在 23～26 歲之間。

D. 曹說得對。

答案

此題採用排除法解答。根據題意「只有一人猜對」可知，如果周的猜測是正確的，那麼，劉和曹

Part5　排除能力訓練思維遊戲

的猜測也是正確的,可排除 A。同理,劉的猜測也不對,如果曹的猜測是正確的,那麼,劉的猜測也可能正確,故可排除 C、D。最終答案為 B。

訂雜誌

甲班的雜誌訂閱量多於乙班,所以,甲班的人比乙班的人了解的資訊要多。

以下的說法中,除了哪種說法不能削弱此論斷?

A. 甲班的人數比乙班多。

B. 乙班的人經常在甲班翻閱雜誌。

C. 甲班的人均看雜誌時間比乙班的人均看雜誌時間少。

D. 甲班訂閱的雜誌內容僅限於英語週刊。

E. 甲班的雜誌平均售價低於乙班。

答案

答案為選 E。首先可排除 A,因為甲班的人數多,則人均分到的雜誌將少於乙班,所以,該說法可削弱「甲班的人比乙班的人了解資訊多」的論斷。同理,B、C、D 也可排除。最後,只剩下 E。

Part5　排除能力訓練思維遊戲

學有所成

一次高中同學聚會上，小唐、欣欣、小彰三人受到了大家的熱烈稱讚，因為他們學有所成，分別成了企業家、市長和高級經濟師。現在已知：

①他們分別畢業於土木工程系、中文系和數學系；

②市長稱讚數學系畢業生毅力堅強；

③中文系畢業生請企業家發表了個人的成功感言；

④市長和中文系畢業生在同一座城市工作；

⑤欣欣向土木工程系畢業生請教過管理問題；

⑥畢業後，中文系畢業生和欣欣都沒有再和小彰聯絡過。

根據以上條件，下列說法正確的是哪條？

A. 小彰是市長，小唐畢業於中文系。

B. 欣欣畢業於土木工程系。

C. 小唐畢業於土木工程系。

D. 數學系畢業生是市長。

答案

　　答案為 A。根據條件⑤，欣欣向土木工程系畢業生請教管理問題，可排除 B。根據條件⑥，可知小唐為中文系畢業生，排除 C 項。根據條件②，可排除 D。

語言與國籍

甲、乙、丙、丁四位遊客分別來自德、日、英、法四個國家。這四個人除了會說本國語言外,還會說其他三國語言的一種。現已知如下情況。

①有一種語言三個人都會,但沒有一種語言是四個人都會的。

②乙雖然對英語一竅不通,但甲和丙談話時,乙卻能為他們當翻譯。

③甲是日本人;丁既不是日本人,也不會說日語,但他能與甲順暢交流。

④乙、丙、丁三人無法溝通。

⑤四個人中,沒有人同時會法語和日語。

那麼,甲、乙、丙、丁四人的國籍和所會語種分別是什麼?

A. 甲,日語和德語;乙,法語和德語;丙,德語和英語;丁,英語和法語。

B. 甲,日語和法語;乙,英語和德語;丙,法語和德語;丁,德語和日語。

C. 甲，法語和日語；乙，英語和德語；丙，德語和英語；丁，日語和英語。

D. 甲，日語和德語；乙，法語和德語；丙，英語和法語；丁，德語和英語。

答案

根據條件⑤，四個人中沒有人同時會說法語和日語，可排除B、C。剩下的A、D都鎖定了甲會日語和德語。由與之相關的條件③，可知，甲與丁只可能是透過德語進行交流的，所以可排除A。那麼，D就是正確答案。

全能冠軍

2012年夏天，倫敦奧運會上，傑森、約翰、庫勒均參加了三個項目的比賽，即游泳、射擊和馬拉松，並分別奪得冠軍。現在已知：傑森沒去參加馬拉松比賽；庫勒沒有參加游泳比賽；在游泳比賽中獲得冠軍的那個人，沒有參加射擊比賽；馬拉松冠軍不屬於庫勒。

從上述已知條件中，你能否判斷出游泳冠軍是誰嗎？

答案

因庫勒沒有參加游泳比賽，故可以排除庫勒。庫勒既沒有參加游泳比賽，馬拉松冠軍也不屬於他，那麼，庫勒參加的只可能是射擊比賽。傑森既然沒去參加馬拉松，那麼，他參加的一定是游泳比賽。所以，游泳冠軍就是傑森。

樂器與歌手

在某演唱活動中，參加表演的眾多全能型歌手在一起合照。這些歌手中，會彈吉他的和會拉小提琴的歌手人數相同；只有 4 人不會彈鋼琴；會彈鋼琴並且會彈吉他的，但不會拉小提琴的有 5 人；只會彈鋼琴的歌手人數是只會彈吉他的人數的兩倍；不會拉小提琴的歌手人數為 8 人；不會彈吉他的歌手人數為 7 人；三種樂器都會玩的歌手人數比只會彈鋼琴的多 1 人，那麼：

①三樣都會玩的人有幾個？

②只會拉小提琴的人數有多少？

③一共有多少歌手？

④拉小提琴的有多少人？

答案

此題可畫圖解答。三種樂器都會玩的人有 3 人，只會拉小提琴的人數有 1 人，一共有 18 位歌手，拉小提琴的人數為 10 人。

Part5　排除能力訓練思維遊戲

口味

溫成丹、夏沐秋、言恭達、宋康昊四個人在一起聚餐。他們四個人的口味為甜、鹹、辣三種。其中，宋康昊獨愛吃辣的食物，言恭達不愛吃甜的食物，溫成丹和其中一人的口味相同，夏沐秋和溫成丹的口味不相同。

那麼，透過以上條件，你知道溫成丹喜愛的口味是什麼嗎？

答案

根據題意可知，文中「四個人」對應「三種口味」。根據「宋康昊獨愛吃辣的食物」這個獨立條件，可將推論簡化為溫成丹、夏沐秋、言恭達「三個人」對應「兩種口味」。由「言恭達不愛吃甜的食物」可知，言恭達愛吃鹹的食物。因「夏沐秋和溫成丹的口味不同」，則知：溫成丹和言恭達口味相同。所以，溫成丹喜愛的口味是鹹。

理想對象

海倫心目中的理想對象要具備如下條件：身材魁梧、相貌出眾，才華橫溢。她曾與甲、乙、丙、丁四位男士相親，但只有一位男士能滿足她的要求，你知道是哪位男士嗎？這四位男士的情況如下：

①四位男士中，有三個人身材魁梧，一人相貌出眾，兩人才華橫溢。

②每位男士都至少符合一個條件。

③甲和乙要麼都才華橫溢，要麼都不是。

④乙和丙身高相同。

⑤丙和丁並非都身材魁梧。

答案

根據①有三位男士身材魁梧，則另一位不是身材魁梧型的；然後根據④得出，乙和丙都是身材魁梧型的；再根據⑤判斷出丁不滿足身材魁梧要求，可排除丁；根據②丁至少符合一個條件，既然他不是身材魁梧型的，也不是相貌出眾型的，那他一定

Part5　排除能力訓練思維遊戲

是才華橫溢型的；根據①只有兩位男士是才華橫溢型的，於是根據③可得出甲和乙都不是才華橫溢型的，所以丙是唯一能滿足海倫全部要求的人。

謀殺案

在一座偏遠山村的角落,住著四戶人家,他們是兩戶蘇氏和兩戶隋氏,且兩戶同姓人家均包含一位年長的和一位年輕的住戶。他們以務農為生,日出而作,日落而息,過著極其平凡的生活。有一天,他們突然在田地裡發現了一座古墓,於是,平靜的生活就被打破了。為了證明自己是第一個發現古墓的人,從而獲得更多的利益,他們之間發生了口角,最終,一戶人家被另一戶打死;而其他兩戶,一戶是目擊者,一戶則是凶手的共犯。

現在已知情況如下:

A. 共犯和目擊者姓氏相同。

B. 最年長的一戶和目擊者姓氏相同。

C. 最年輕的一戶和被害者姓氏不同。

D. 共犯的年齡比被害者大。

E. 蘇氏中年長的那戶是四戶人家中最年長的。

F. 凶手不是最年輕的一戶。

請問,這四戶人家中,誰是凶手?誰是共犯?誰是目擊者?誰是受害者?

Part5　排除能力訓練思維遊戲

答案

　　由B、E可知：目擊者為年輕的蘇氏；由A可知，共犯為年長的蘇氏；由F可知，凶手不是最年輕的一戶，可排除年輕的蘇氏和年輕的隋氏，所以凶手只可能是年長的隋氏。那麼，年長的隋氏住戶是凶手、年長的蘇氏住戶是共犯，年輕的隋氏住戶是被害者，年輕的蘇氏住戶是目擊者。

Part6
遞推能力訓練思維遊戲

　　當你看到每一個蜘蛛編織的網中，是否能發現牠們都有著幾乎相同的規律和一致的形狀？當你看到每一個蜜蜂們辛勤編造的蜂巢中，是否能發現牠們都有著出奇一致的形狀和幾乎一致的朝向？

　　規律就潛藏在牠們建造的過程當中，你發現了嗎？蜘蛛挑選出一根中心絲，再以此為軸向外不斷擴散，蜜蜂在建造蜂巢時，也是透過選擇一個中心再繼續向外擴散、遞增。

　　數字之中潛藏著怎樣奇妙和獨特的魅力，就連小小昆蟲的活動也離不開數學的規律？快來跟我一起，在這一章節裡感受數字間不斷騰挪推移的奧妙吧！

奇妙的裝法

小紅和小明在客廳裡玩耍，媽媽拿著 9 顆糖果走到他們面前說：「我這裡有 9 顆糖果，不能平均分。你們誰能將這 9 顆糖果裝到 4 個袋子裡，使每個袋子裝的糖果數都是單數，誰就可以分到 5 顆糖果，而剩下的 4 顆糖果就分給另外一個人。」小紅絞盡腦汁也沒有想出辦法來，聰明的小明一會兒就有了答案。你知道他的方法嗎？

答案

此題採用遞推法：9 可以分成的單數有 1、3、5 這三個，這三個數的和為 9。將三個數分別裝入袋子中，就可以得到三個裝有單數糖果的袋子。再將這三個袋子裝入第 4 個袋子裡，就可以得到 4 個裝有單數糖果的袋子了。

幸運同學

學校為了豐富學生們的課外活動，培養他們的讀書興趣，決定舉辦一次讀書交流會。通知一發出，同學們都踴躍參賽，並且表現都特別出色，有 10 名同學在交流會中得到了滿分 20 分的好成績。但是冠軍獎盃只有一個，所以評委決定用報數的方式決定獎盃給誰。於是 10 名同學站成一排，從頭到尾按「1，2，1，2，1，2，1，2，1，2」報數，凡是報出 1 的都可以離開。剩下的同學仍然這樣報，直到最後剩下一位同學，由這位同學擁有獎盃。那麼，你知道誰是這位幸運同學嗎？

答案

此題依然採用遞推法：由題可知是 10 個人報數，我們把這 10 個人編為 1、2、3、4、5、6、7、8、9、10 號。第一次報數時單號報的數都是 1，所以都離開。那麼就剩下編號為 2、4、6、8、10 這五位同學，將他們重新編號為 1、2、3、4、5（對應開始的 2、4、6、8、10 這五位同學）進行第二次報數。這一次報完只留下了編號為 2、4（即最初的 4、8）兩位同學。他們兩個再進行第三次報數，自然幸運同學是最初編號為 8 的那位。

Part6　遞推能力訓練思維遊戲

排隊的順序

某學校為了增強學生們的體質，校長決定舉辦一次秋季運動會。五（2）班有 6 位同學參加，即：小剛、小麗、小華、小梅、小涵、小賢。他們 6 個人排成一字隊入場，由隊形可以看到如下情況。

①小涵不在第 5 位。

②小梅和小剛之間隔著 4 個人。

③小華在小涵的前面。

④小剛在小賢的後面。

⑤小麗在小涵的後面，並且緊鄰著小涵。

從上述條件中你知道第 4 位是誰嗎？

答案

本題採用遞推法。首先由以上 5 個已知條件，我們假設小賢排在小涵的後面。這樣的話，條件②和條件⑤不能同時成立，所以，小賢肯定是在小涵的前面。由此可以推出小麗、小華、小涵、小賢四個人的順序是小華、小賢（小賢、小華）、小涵、小

麗。又因為①小涵不在第5位,所以小剛和小梅兩個人不可以都在小涵前面,兩個人也不可以都在小麗後面,因此順序為小華、小賢(小賢、小華)、小剛、小涵、小麗、小梅(小梅、小涵、小麗、小剛)。以上幾種組合是他們順序的全部情況,而無論哪種情況小梅永遠排在第4位。

貓捉老鼠

媽媽給小剛買回來兩個玩具，一個電動貓，一個電動老鼠。小剛知道貓是老鼠的天敵，於是他就想到玩貓捉老鼠的遊戲。他讓自己兩個心愛的玩具賽跑，跑了三次，每次都是貓跑 100 公尺，老鼠跑 90 公尺。小剛想讓牠們同時到達終點，於是他想出了一個好辦法。第四次跑的時候他讓貓後退了 10 公尺，老鼠還是在原來的位置。這一次，貓和老鼠會同時到達終點嗎？

答案

不會。小剛只是將起點調換了一下，但是兩個物品的速度是不變的。所以到達終點時，貓的速度還是會快一點，貓比老鼠提前 1 公尺到達終點。

吃醋的丈夫

A 社區有 3 對夫妻，他們要去同一個地方參加婚禮，但是天公不作美，叫不到車，社區門口只有一輛可以坐得下兩位乘客的車，並且沒有司機，還好這 6 個人都會開車。可是問題又來了，3 位丈夫 A、B、C 都特別愛吃醋，他們捨不得讓自己的妻子和別的男士同時乘坐一輛車，那你能告訴我他們 6 個人應該怎樣坐，來回跑幾次才可以到達婚禮現場呢？

答案

本題中只是說了女士不可以和男士同乘，但並沒有說女士不可以和女士同乘一輛車。那方法就只能是（將三位女士依次編號為 D、E、F）D 和 E 兩個人開車去，D 留下 E 開車回；接上 F，那麼 E 和 F 開車去，E 留下 F 開車回；F 回來後接上自己的老公 C，開車去，F 留下，C 開車回；接上 A 兩個人開車去，A 開車回；A 接上 B 兩個人一起開車去。這樣 3 對夫妻就都到了，一共跑 9 次所有人才能都到達婚禮現場。

Part6　遞推能力訓練思維遊戲

誰忘了插門

某大學寢室四個人住在一起，他們都大三下半學期了，每個人都在為考研究所而努力，所以宿舍裡的活動也越來越少了，互相之間話也少了。最近，男生宿舍傳出晚上有小偷入室偷東西，所以4個室友規定誰晚回來，誰就負責把門鎖上，但是因為昨天晚回來的那個人馬虎，沒有鎖門，小馬的電腦丟了，警方介入了調查，他們4個人都做了真實的回答。

小瑞說：「我昨晚睡得早，什麼都記不起來了。」

小張說：「我回來的時候，小瑞已經睡了，我看了一會兒書，也就睡了。」

小剛說：「我昨晚回寢室的時候，小張正在看書。」

小馬說：「我回寢室的時候，小剛正在盥洗。」

警察根據他們的對話判斷出了誰是最後進門的那個人，你猜出是誰來了嗎？

答案

本題採用遞推法，從四個人的回答中可以判斷出小瑞是第一個睡的，回來最早，而小張回來看到

小瑞睡了,小剛回來又看到小張了,所以小張是第二個,而小剛是第三個,小馬回來看到小剛,所以小馬是第四個,最後答案是小馬最後一個回來,他忘了鎖門。

Part6 遞推能力訓練思維遊戲

大了幾倍

《變形記》中的主角睡了一覺醒來，發現自己變成了一隻大甲殼蟲，他自己很驚恐。張亮也做了個噩夢，夢裡他沒有變成大甲殼蟲，而是變得自己不認識自己了。他身體的每個部位都整整比以前大了一倍，胖、厚、高都是自己以前身材的兩倍。請問，他夢中的體重是以前的多少倍？

答案

可將體重看作是胖、厚、高的乘積，由於夢中的身材是以前身材的兩倍，所以他夢中的體重是以前的 $2^3 = 8$ 倍。

三人進水果

一條街上有 3 家水果行。雖然老闆之間存在著競爭，可是他們的關係也不錯，經常一起聊天打牌，而且這 3 家水果行的老闆經常一起去進水果。今天，三家店的老闆 —— 高師傅、李師傅、王師傅又一起去進貨。他們每個人都進了好幾種水果，並且他們是去兩個地方進的水果。在回來的路上，他們談論著自己的水果，發現一個奇怪的現象，那就是他們為進梨花的錢一樣多，但是高師傅卻買了 110 公斤、李師傅買了 100 公斤、王師傅買了 90 公斤。為什麼會出現這樣的情況呢？

答案

由題中內容可以知道他們買的水果相同、地方也相同、花的錢也一樣多，但是買的斤數不同。那就只有一種情況了，那就是在同一個地方買的分量不同，才會造成這樣的結果。本題可以設未知數列方程式，最後解出答案。第一次梨是 1 元一公斤，高師傅買了 70 公斤、李師傅買了 50 公斤、王師傅買了 30 公斤；而第二次梨是 2 元一公斤，這次高師傅買了 40 公斤、李師傅買了 50 公斤、王師傅買了 60 公斤。這就出現了題中的結果。

冤家夫妻

有句話說:「不是冤家不聚頭。」現實生活中就有這樣一對夫妻,他們自結婚之後每天都在吵架。吵架對他們來說就像家常便飯一樣,每天不吃飯也要吵。但是上個月他們只吵了28次架,而且上上個月他們只吵了15次架。現在,根據你學過的知識推測一下這是怎麼回事吧!

答案

他們每天都要吵架,上一個月卻只吵了28次,那麼說明這個月只有28天,也就是平年的2月。而上上個月只吵了15天,說明他們只結婚了15天。即他們是平年的1月結婚的,現在是3月。

深水裡的魚
========

深水裡的魚

在太平洋中，有 5 條不同種類的深海魚。有一天，牠們在海面衝浪後聚到一起聊天。這 5 條魚分別居住在不同的海洋深度（1,000 公尺、1,200 公尺、1,400 公尺、1,500 公尺、1,600 公尺），他們說的關於居住深度比自己淺的魚的敘述都是真的，關於比自己深的魚的敘述就是假的，而且，只有一條魚說了真話。牠們的對話如下。

甲說：「乙住在 1,200 公尺或者 1,500 公尺的地方。」

乙說：「丙住在 1,000 公尺或者 1,400 公尺的地方。」

丁說：「戊住在 1,500 公尺或者 1,600 公尺的地方。」

戊說：「甲住在 1,000 公尺或者 1,200 公尺的地方。」

那麼，究竟每條魚分別住在哪個深度？

答案

甲：1,500 公尺；乙：1,600 公尺；丙：1,000 公尺；丁：1,200 公尺；戊：1,400 公尺。如果甲的說法正確，乙住在 1,200 公尺或者 1,500 公尺的地方，那麼乙所說為假，丙的居住深度在乙之上，乙的居住深度

Part6　遞推能力訓練思維遊戲

小於 1,000 公尺，與甲的說法相矛盾，所以，甲的說法不正確，乙的深度高於甲。依次類推，甲＞戊＞丁＞丙。

寶藏門的開關

　　有一個尋寶人，千辛萬苦找到了一座寶藏。可是寶藏門前有六個按鈕，其中只有一個按鈕可以開啟大門。按鈕旁邊一個告示，上面寫著：1 在 2 的左邊，2 是 3 右邊的第三個，3 在 4 的右邊，4 緊靠 5，5 和 1 中間隔著一個按鈕，真正的開關就是上面沒有提到的數字按鈕。只要你按下了錯誤的按鈕，一次性的開關將永遠鎖死。

　　你知道 6 個按鈕中能開啟寶藏的那個在什麼位置嗎？

答案

　　正確的按鈕是從左邊數第五個。假設 6 是該按鈕，他們的順序是 4、5、3、1、6、2。

誰是王先生的妻子

某公司有六位員工，其中一位男士、五位女士。即：張先生、孫女士、吳女士、鄭女士、王女士、劉女士。另外，五位女士中有一位是張先生的妻子。除此，我們還知道以下幾個信息。

①鄭、王兩位女士的職業不同。

②吳、劉兩位女士的職業相同。

③孫、鄭兩位女士在相同的年齡層。

④五位女士中，兩位女士為會計，其他三位為倉管。

⑤張先生和一位年齡大於 30 歲的會計結婚三年了。

⑥王和劉兩位女士不在相同的年齡層。

⑦最後知道五位女士屬於兩個年齡層，即三位女士的年齡小於 30 歲，其餘兩位女士的年齡大於 30 歲。

根據以上七個條件，你可以判斷出張先生的妻子姓什麼嗎？

答案

　　由條件③、⑥可知，孫、鄭兩位女士必定和王、劉兩位中一位女士在相同的年齡層，所以這三位女士的年齡小於 30 歲，即孫、鄭年齡小於 30 歲。

　　由條件①、②、④可知，吳、劉兩位女士必定和鄭、王兩位中一位女士的職業相同，所以，這三位女士的職業均為倉管，即吳和劉均是倉管。因此，滿足年齡大於 30 歲且為會計的只有王女士，所以張先生的妻子姓王。

鴨子下蛋

奶奶是一個很節省的人，她養了很多隻鴨子，鴨子每天都下蛋，但是這些蛋，奶奶每次都捨不得吃，她要把這些鴨蛋留給自己的小孫子吃。奶奶的 10 隻鴨子 10 天內下了 10 枚鴨蛋，還有 100 天就是小孫子的生日了，如果奶奶要想在這 100 天內攢夠 100 枚鴨蛋當成生日禮物送給小孫子，她最少需要養多少隻鴨子呢？

答案

本題採用遞推法，10 隻鴨子 10 天內攢了 10 枚鴨蛋，所以 1 隻鴨子 10 天才下 1 枚蛋，那要想 100 天攢夠 100 枚鴨蛋則最少需要養 10 隻鴨子。

分糖果

　　小美家有姐妹三人。爸爸出差給她們三姐妹帶了 770 顆糖果回來。爸爸每次帶回禮物來都是按照她們的年齡來分，這次也不例外。上上次帶糖果回來時，二姐拿了 4 顆，大姐只拿了 3 顆；而上次爸爸帶糖果回來時，二姐拿了 6 顆，三妹拿了 7 顆。那你知道這次應該怎樣分配嗎？

答案

　　由題中所給條件可以知道，她們的年齡相差 1 歲，並且年齡小的可以得到多的糖果。所以，這次她們得到的糖果數依次為大姐 263 顆，二姐 264 顆，三妹 265 顆。

Part6　遞推能力訓練思維遊戲

Part7
倒推能力訓練思維遊戲

　　事物並非只有一種解決方法，即便是獨木橋這樣危險的事物，我們依然可以透過向前或是向後來獲得兩種擺脫困境的方法。當我們感覺前路充滿了未知和不安時，不妨透過轉換自己的思維來重新選擇脫困的方法。

　　當我們選擇從另一個方向來看待問題的時候，一切都會變得豁然開朗。這個時候需要我們做的就是能夠跳脫自己的視角，如果我們要到達 A 地卻不能在同時干擾到 B 地，就可以反推沒有 B 地的情況下我們需要怎樣的路線。

　　只不過是稍稍轉換我們的思維，事情的樣貌就會大有不同。讓我們一起進入這一章的訓練當中，感受一下思維轉換後的風景吧！

細心的米奇小姐

米奇小姐是一家餐廳的收銀員，每天核對完當天的帳目後，她才能下班。今天，她和往常一樣查帳，可是她發現帳面總額比現金總額多了 153 元。這是絕對不可以出現的錯誤，於是她需要找出是哪筆帳錯了。米奇小姐是一個聰明的人，她知道不可能是帳目的數字寫錯了，肯定是自己把一個帳目的小數點弄錯了。按照這個思路，聰明的米奇小姐一會兒就從當天的帳目中找到了這個數。她是怎樣找到的呢？

答案

其中一筆 170 元的帳記錯了。原因是這樣的，如果是小數點不對，那麼帳面和實際現金相差 10 倍。也就是說，多出的錢就是應該收取錢數的 9 倍。所以 153/9 = 17。而她把小數點弄錯了，將 17.00 元寫成了 170.00 元，接下來，米奇小姐找到 170.00 元這筆帳就可以了。

得分

多多在以往的 9 次模擬考試中，考試成績平均為 82 分。假如他要在第 10 次模擬考試中將平均分改寫為 83 分，那麼，他最後一次模擬考的分數必須是多少呢？

答案

可用倒推法，要想將最後的平均分改寫為 83 分，即總分要達到 $83 \times 10 = 830$ 分。既然前 9 次的考試總分為 $82 \times 9 = 738$ 分，所以最後一次模擬考的分數為 $830 - 738 = 92$ 分。

鴿子的數量

有一座動物園新進了幾隻鴿子,牠們的體型特別大,所以來參觀的人絡繹不絕。這些鴿子和幾隻狗養在一個籠子裡面,不過中間被隔開了。一個小朋友觀看的時候說:「72 隻,200 條腿。」你知道有多少隻鴿子嗎?

答案

這道題我們採用倒推法。假設籠中的 72 隻動物全部為鴿子,那麼就應該有 144 條腿,但是現在有 200 條腿,多出了 56 隻。這說明多出的 56 條腿是狗的,應該為 28 隻狗。所以有 28 隻狗,44 隻鴿子。

小明得了多少分

小明的姐姐放暑假回家了。一天，姐弟兩個在家閒著沒事，於是姐姐提議兩個人玩遊戲。他們玩的是答題遊戲，姐姐出題小明回答。他們定下得分規則：如果小明答對一題，可以得到 7 分；相反，答錯一題就會被扣除 3 分。試題共 20 道。小明的得分如果超過 70 分，姐姐就要接受懲罰；得分如果不到 70 分，小明就要接受懲罰。接下來，他們的遊戲就開始了。最後的結果是小明受到了懲罰，因為小明的最後得分是 0 分。你能算出小明答對了幾道題嗎？

答案

此題需要運用倒推法，因為小明最後的得分是 0 分，根據答題規則，0 分是由於答對的題目得分與答錯的題目失分相等造成的。也就是說，答對的題目和答錯的題目總數為 20，因為答對一題可得 7 分，答錯一題要扣 3 分，所以答錯的題目數是答對的題目數的 7/3 倍，所以，小明答對了 6 道題，答錯了 14 道題。

Part7　倒推能力訓練思維遊戲

抽紙牌遊戲

富貴手裡拿著9張牌,牌上的數值分別是1、2、3、4、5、6、7、8、9。富貴要甲、乙、丙、丁四人來抽牌,每人只取兩張。甲抽到的兩張牌的和是10,乙抽到的兩張牌的差為1,丙抽到的兩張牌的積是24,丁抽到的兩張牌的商是3。請你猜猜他們四人分別抽到了哪兩張牌?剩餘的一張牌又是什麼呢?

答案

此題採用倒推法,從丁抽到的牌下手。因為丁抽到的兩張牌的商是3,所以這兩張牌可能是1和3、2和6或者3和9。丙抽到的牌的可能性是3和8、4和6。甲抽到的兩張牌的可能性是1和9、2和8、3和7、4和6。假設丁抽的是3和9,那麼,丙抽到的就是4和6,甲抽到的只能是2和8。因為乙抽到的兩張牌差為1,剩餘牌為1、5、7,所以,假設不成立。同樣,丁抽到的為1和3也不成立。因此,丁抽到的牌應為2和6,丙抽到的是3和8,甲抽到的是1和9,乙抽到的是4和5,剩餘牌是7。

排隊

在某個戰鬥營隊裡，負責訓練新生的教官們整齊劃一的步伐、颯爽的英姿讓人欣羨不已。可是訓練又是嚴肅苛刻的，許多新生因此做了戰場上的「逃兵」。營隊開始三天後只剩下 24 人，教官為了考驗他們，提出了讓 24 個人站成 6 排，並且每排必須站 5 人的要求，那麼，同學們能完成這個略顯苛刻的要求嗎？

答案

根據倒推法，如果是直線佇列，每排站 5 人，站成 6 排要 30 人，但教官的要求是 24 人，也就是每排上要有兩個人合併為一個人，那麼可採用正六邊形的站列方式，每個邊上站 5 人，6 個角上的每個人可同時站兩排。

硬幣遊戲

16 個硬幣，A 和 B 輪流拿走一些，每次拿走的個數只能是 1、2、4 中的一個數。誰最後拿硬幣誰輸。

請問：A 或 B 有無策略保證自己贏？假設他們都很聰明。

答案

本題可採用倒推法。

①要保證自己贏，就把最後一枚硬幣留給對方。

②因此就要留給他 1 ＋ 3 枚，因為：如果他拿 1，你拿 2，留 1 枚；如果他拿 2，你拿 1，留 1 枚；他要拿 4，就輸了。

③因此就要留給他 1 ＋ 3 ＋ 3 枚。因為：如果他拿 1，你拿 2，留 4 枚；如果他拿 2，你拿 1，留 4 枚；他要拿 4，你拿 2，留 1 枚。

④依次類推。策略就是讓對方先拿，每一輪拿去 3 枚或 6 枚，把最後 1 枚硬幣留給對方。

檢票

春節前夕，各大車站迎來了返鄉高峰期。遊人如織，密密麻麻。候車大廳的某窗口，旅客們正在等候檢票。已知，從檢票開始的那一刻起，排隊檢票的旅客將按照一定的速度增加，而檢票的速度不改變；已知，開放一個檢票窗口，半個小時能使所有旅客檢票進站；如果開放兩個，10分鐘可讓等待檢票的旅客全部檢票進站。

現在是非常時期，鐵路部門增開了一列火車，要求乘務員必須在5分鐘內檢票完畢。那麼，此時應該開放幾個檢票窗口？

答案

此題乍看之下不好解答，但是透過設未知數的方程可迎刃而解。假設檢票開始時在候車大廳等待檢票的人數是X，每分鐘增加的人數是Y，檢票口每分鐘透過的檢票人數是Z，需開放的檢票窗口是N個。

那麼，根據已知條件，只開放一個檢票窗口時：

X＋30Y＝30Z；

Part7　倒推能力訓練思維遊戲

開放兩個窗口時：$X + 10Y = 2 \times 10Z$；

開放 N 個檢票口時：$X + 5Y \leq N \times 5Z$；

綜上所述，求解可得：$N = 4$。

所以，此時需開放的檢票窗口是 4 個。

分蘋果

有一個袋子，裡面裝滿了蘋果：第一次拿出它的二分之一再多一顆給第一個人；第二次又拿出剩下的二分之一再多一顆給另一個人；第三次又拿出剩下的二分之一再多 3 顆給最後一個人。就在這時，袋子裡的蘋果都拿完了，最後一個人拿到的蘋果數是 6 顆，請問最開始袋子裡有多少顆蘋果？

答案

本題採用倒推法，從最後一步向前推。因為最後說「第三次又拿出剩下的二分之一再多 3 顆給最後一個人」，且最後一個拿到的蘋果數是 6 顆。那再往前推，給第二個人的就是 8 顆，依次類推，給第一個的就是 16 顆。所以最開始時，共有 30 顆蘋果。

Part7　倒推能力訓練思維遊戲

猜年齡

今天是一位老人 81 歲的壽辰，親朋好友都來道賀，場面熱鬧非凡。這位老人有一個媳婦，漂亮、大方、能說會道，很討客人的歡心。有兩位女士很想知道她的年齡，可是她們不好意思問。我們提供了下面幾個條件，你能根據這些條件猜出這個媳婦的年齡嗎？

①這個媳婦生了一兒一女，她的女兒的年齡是兒子年齡的五分之一。

②這個媳婦自己的年齡是她老公年齡的二分之一。

③兒子的年齡是這個媳婦年齡的五分之一。

④將他們一家 4 口人的年齡加在一起正好是今天壽星的年齡。

答案

從後往前推，可知：女兒的年齡是這個媳婦年齡的 1/25，所以這個媳婦年齡的（1 ＋ 2 ＋ 1/5 ＋ 1/25）倍為老壽星的年齡 81 歲，得出這個媳婦年齡為 25 歲，兒子 5 歲，女兒 1 歲，這個媳婦的老公 50 歲。

瓶子的容積

從前有一個皇帝,他整天待在深宮大院裡,感到格外無聊。於是有一天,他穿上平民的衣服微服出巡。來到大街上,他邊走邊看,非常開心,走著走著,他看到有一個地方聚集了很多人,就湊過去一探究竟。擠進人群後他才發現,原來是一個買醋的和一個賣醋的在吵架,買醋的拿著賣醋的賣給他的一瓶醋說分量不夠。醋用一個普通的瓶裝著。這種瓶子類似現在的啤酒瓶,形狀不規則,醋的高度已到瓶肩處。雖然知道醋瓶的容積,但賣醋人只有一把普通的尺,他無法量出瓶子裡的裝醋部分的容積,所以不能驗證給買醋者的醋夠不夠。聰明的皇帝沒有開啟瓶子,也沒有損壞瓶子,就量出了醋的容積。那麼,你知道他是怎樣做到的嗎?(醋瓶的總容積已知)

答案

我們都知道容積=底面積 × 高,因此只要算出醋瓶的底面積,再測量出醋瓶中醋的高度即可。乍看之下,醋瓶的底面積容易計算,只要用尺量出瓶底的直徑,即可算出。然而由於瓶身的不規則,醋

Part7　倒推能力訓練思維遊戲

瓶中醋的高度不易直接測量，此時，我們不妨用倒推法，將醋瓶倒置過來，測出醋瓶內醋上方空氣的高度，計算出瓶中空餘部分的容積，然後用已知的醋瓶總容積減去空餘部分的容積，就可以算出醋的容積了。

特殊的捷運

有一班捷運特別奇怪,乘客只能從起始站上車,而中途的各個站點只能下車,不能上車。小高每次都坐這班捷運去上班。一天因為無聊,小高記下了每次下車的人數占車上剩餘總人數的比例。這個捷運一共六站,他算出前五站依次下車的人數的比例為 1/6、1/5、1/2、3/4、2/3,最後下車的有 3 個人。那你知道起始站有多少人上車嗎?

答案

本題採用倒推法,因為知道最後下車人數為 3 個,而它的前一站下去了 2/3,所以可以求出前一站下車人數為 6 人。以此類推,第四站下車人數是 27 人;第三站下車人數是 36 人;第二站下車人數是 18 人;第一站下車人數也是 18 人。將所有下車人數加起來,可知最開始車上有 108 人。

姑姑家的雞蛋

雲雲的姑姑家開了一個養雞場,每天都會收很多雞蛋,不過從來沒有人數過每天到底收多少顆。雲雲和弟弟很好奇,想知道這些雞一天可以產多少顆雞蛋。他們按一次拿兩顆的方式將雞蛋拿出筐,然後又按一次拿3顆的方式放回筐中。不管按哪一種方式拿,到最後,筐裡面總是剩下1顆。雲雲和弟弟感到很奇怪,於是他們又按一次拿4顆的方式將雞蛋拿出來,按一次拿5顆的方式放回去,情況也是這樣。直到他們一次拿7顆的時候,筐裡面才沒雞蛋。根據這種情況,弟弟馬上就推算出了筐裡面有多少顆雞蛋,你能推算出來嗎?

答案

一次拿7顆就拿完了,說明雞蛋的數量可以被7整除。而每次拿2、3、4、5、6顆時,最後都會餘1顆,說明雞蛋的數量比2、3、4、5、6的公倍數多1,它們的最小公倍數是60,而301可以被7整除,所以筐裡有301個雞蛋。

Part8
計算能力訓練思維遊戲

　　曾經有人這樣說，數學是人類最美的語言。是呀，數學是這樣的簡單明瞭，在這個世界各式各樣的問題和困擾面前，不論是怎樣複雜的數學算式，不論有怎樣繁複的計算過程，最終都會指向唯一的正確結果。

　　人們盛讚數學，還因為它在我們的生活中十分重要。從今天的一次超市購物，再到紅綠燈的交替時長，無一不運用到了數學知識。

　　學會運用數學，計算並解決生活中可能遭遇的各種數學難題，難道不是一件值得令人感到快樂的事嗎？快來跟我一起攻克下這些數學難題，成為小小的數學達人吧！

Part8 計算能力訓練思維遊戲

數糖果

小雨買了一大堆糖果。共分兩種,一種是牛奶糖,一種是芝麻糖。已知芝麻糖的數量是牛奶糖的兩倍。現在,從這堆糖果中每次取出芝麻糖 4 塊、牛奶糖 3 塊,若干次後,牛奶糖全部取完,而芝麻糖還剩 16 塊。請問芝麻糖和牛奶糖分別有幾塊?

答案

假設共取了 N 次,那麼依據題意可得:4N + 16 = 2×3N;解得:N = 8。

那麼,牛奶糖的數量是 3×8 = 24 塊,芝麻糖的數量是 4×8 + 16 = 48 塊。

眾蟻拾柴火焰高

一隻螞蟻在路上看到一大塊餡餅，牠自己搬不動，只好回去找其他螞蟻幫忙。10 分鐘後，牠找來了 9 隻螞蟻扛餡餅。可是，餡餅太重了，任憑螞蟻們如何用力，餡餅紋絲不動。接著，每隻螞蟻又回去搬救兵。10 分鐘後，每隻螞蟻搬來了 9 個救兵，但仍然沒有把餡餅抬起來。於是，每隻螞蟻再回去搬救兵。當每隻螞蟻又叫來 9 個夥伴時，餡餅終於被扛起來了。

你知道有多少螞蟻前來搬餡餅了嗎？

答案

由題意知，第一次，第一隻螞蟻找來了 9 隻螞蟻救兵後，此時有 10 隻螞蟻。當這 10 隻螞蟻又回去各搬來 9 隻救兵後，螞蟻的數量是 $10 \times 9 + 10 = 100$ 隻。以此類推，當第三次螞蟻搬來救兵後，螞蟻的數量為：$100 \times 9 + 100 = 1,000$ 隻。

如何分配遺產

一個男子在他妻子懷孕期間突然遭遇了車禍。臨死前，他對妻子說：「老婆……如果我死後你生下的是兒子……就把財產的三分之一分給他，其餘的留給妳……如果是女兒……妳就把財產的四分之一給她，其餘的留給妳。」說完，男子撒手而去了。

巧合的是，等到分娩時，妻子竟誕下了一對龍鳳雙胞胎（一男一女）。這該如何是好？怎樣才能不違背男子的遺囑，並做到公平分配呢？

答案

要解決該問題在於抓住關鍵點，兒子、女兒與妻子的財產比例就是該題的關鍵點。妻子和兒子的財產比例是2：1，妻子和女兒的財產比例是3：1，那麼，妻子、兒子、女兒之間的財產比例就是6：3：2。所以妻子分得財產的6/11，兒子分得財產的3/11，女兒分得財產的2/11。

獵豹和老虎

森林裡舉行比賽，獵豹和老虎力挫眾敵，順利進入總決賽。為了爭冠軍，保住自己森林之王的稱號，老虎在總決賽發令槍響前的那一刻竟然搶跑了。在老虎跑出 10 公尺遠的距離後，獵豹才反應過來，並奮起直追。現在已知，獵豹飛奔的步伐很大，牠跑 5 步的路程相當於老虎跑 9 步。老虎也不示弱，牠跑 3 步的時候，獵豹只能跑 2 步。

那麼，照這樣的速度，獵豹能追上老虎嗎？如果能，需多少公尺？

答案

能追上，在獵豹跑出 60 公尺時可以追上老虎。因為獵豹跑 5 步的路程相當於老虎跑 9 步，但是老虎跑快，牠跑 3 步時，獵豹才跑 2 步，所以，獵豹和老虎的奔跑速度之比為：9/5×2/3 = 6：5。假設獵豹每秒跑 6 公尺，老虎每秒跑 5 公尺，且 X 秒後獵豹追上了老虎，那麼，依據題意可得：6X － 5X = 10，解得 X = 10，所以，獵豹跑了 10×6 = 60 公尺後才追上老虎。

冰是睡著的水

都說冰是睡著的水。水結成冰之後,體積會增大 1/9,那麼,當冰融化時,它的體積是不是會減少 1/9 呢?

答案

不是。假設水的體積是 9 升,它結成冰之後體積增大了 1/9,即 9×(1 + 1/9)= 10 升;當冰融化時,10×(1 − 1/10)= 9 升,所以,它的體積減小了 1/10。

賣花

綺玲的媽媽開了一家花店。某天,媽媽有事出去了,要綺玲暫時幫忙看一下店。可綺玲並不會為玫瑰花打包裝,聰明的媽媽很快就想到了辦法。她將店裡的 1,000 朵玫瑰花全部打好了包裝,而這 1,000 朵玫瑰花剛好被打成了數量不等的 10 捆。這樣做的好處是,這時來店裡的第一位顧客無論要多少束花,綺玲都可以不開啟包裝而滿足顧客的要求。那麼,你知道綺玲的媽媽是怎麼做到的嗎?

答案

這 1,000 朵玫瑰花是這樣分的:1、2、4、8、16、32、64、128、256、489 總共 10 份,這 10 份打成包裝後,無論顧客要多少,都可以成束買走,也就是這些數字可以組成 1000 內的任何一個數字。

Part8　計算能力訓練思維遊戲

分核桃

錢師傅挑著擔子去集市上賣核桃。由於走得急，他忘記帶秤了。有兩個人分別要 50 斤（1 斤＝ 0.5 公斤）的核桃，而他挑著的核桃剛好有 100 斤。他隨身攜帶著一個能裝 100 斤核桃的袋子、一個容量為 70 斤的大桶和一個容量為 30 斤的小桶。請問，你能用這些工具幫錢師傅把這些核桃準確分給兩位顧客嗎？

答案

先用小桶裝兩次 30 斤的核桃，然後倒入大桶裡，這樣大桶就有 60 斤核桃了。再將小桶盛滿，然後把小桶裡的核桃繼續倒入大桶裡。直到大桶盛滿 70 斤，則小桶裡還剩餘 20 斤。將大桶裡的 70 斤核桃倒入 100 斤的袋子裡，然後，將小桶裡的 20 斤核桃倒入大桶中，再用小桶裝滿 30 斤核桃，然後倒入大桶裡，現在大桶裡的核桃正好是 50 斤。那麼，餘下剩在袋子裡的核桃就是 50 斤。將這兩份分好的 50 斤核桃給顧客即可。

挑剔的顧客

大學時，0629 班的同學們聚餐。該班一共 51 人，他們用餐的地點只提供三種飲料——可樂、雪碧和柳橙汁。要柳橙汁和可樂的人比只要可樂的人多 2 位，只要可樂的人是只要雪碧的人數的 2 倍。其中，不要雪碧的人有 25 個；不要柳橙汁的人有 18 個；不要可樂的人有 13 個；另外，還有 6 個人要雪碧和可樂，而不要柳橙汁。那麼，有多少人三種飲料都要，有多少人只要雪碧，有多少人只要柳橙汁，有多少人只要可樂，有多少人只要其中兩種飲料？

答案

用集合來表示能更清楚地解決問題：

由圖可知，有 14 人三種飲料都要，有 4 人只要雪碧，有 7 人只要柳橙汁，有 8 人只要可樂，有 18 人只要其中兩種飲料。

賣帽子

一家外貿店因為經營不善而關門，在停業前最後一次處理貨物。一頂帽子開始以 240 元的價錢拋售，賣不出去，老闆決定降價到 160 元一頂，結果還是沒人要。無奈，老闆只好再降價。可是降到 108 元一頂，依然賣不出去。無奈，老闆只好把單價降到 72 元。老闆心想，如果這次再賣不出去，就要按成本價銷售了。那麼這頂帽子的成本價是多少呢？

答案

由題意知，老闆的降價是有規律的，比如 240/160 = 1.5，160/108 ≈ 1.5，108/72 = 1.5，所以，接下來的降價依照這個規律為 72/1.5 = 48 元。所以，這頂帽子的成本價為 48 元。

菩提樹

某寺院內有一棵古老的菩提樹。菩提樹一直被視為佛教聖樹,因此每年到這棵樹下燒香拜佛的善男信女絡繹不絕。鑑於許多人好奇菩提樹的年齡,寺院長老為這棵菩提樹貼上了標籤,上面寫著:比一百有餘,比一千不足,從左向右每位數增加 2,而各位數字之和將是 21。請問這棵菩提樹到底有多少歲?

答案

答案為 579 歲。由題意知,此聖樹的年齡為三位數,假設最左邊數字為 X,那麼由題可得:$X + (X + 2) + (X + 4) = 21$,解得:$X = 5$,所以此聖樹的年齡為 579。

奇怪的數學題

冠輝是個數學迷，平時總愛鑽研一些奇怪的數學題。有一天，他神祕兮兮地對同桌阿星說：「今天讓你見識一下我的數學天分。你隨便想一個一位數，用它先乘以 12345679，再乘以 9。你用計算機算出答案後，把這個結果告訴我，我在一秒鐘內就可猜出你想的這個數。」

阿星一邊滿臉狐疑地看著他，一邊用自己想好的一個一位數按照他的要求進行計算，得出 999999999 的結果。他將結果告訴冠輝，冠輝脫口而出：「這個一位數是 9。」

你知道這是怎麼回事嗎？

答案

因為 9 乘以 12345679 得出的結果是 111111111，這是一個特殊的乘積。顯然，任何一個一位數乘以它之後都可以得到一個特殊的結果。而這個結果與那個特殊乘積之間的倍數就是這個個位數。

分牛

　　過年了,家家戶戶忙著烹羊宰牛。老丁家的幾頭牛早早就被眾人預訂了。老孫分了全部牛的半數,外加半頭;老李分了剩餘牛頭數的一半,外加半頭;老劉分了又剩下的牛頭數的一半,外加半頭;老楊分了最後剩餘的牛頭數,外加半頭。四個人將老丁家的牛全部分完,沒有屠殺任何一頭牛。那麼,老丁家到底有幾頭牛呢?

答案

　　設老丁家的牛的頭數是 X,由題意可知:$X/2 + 1/2 + X/4 + 1/2 + X/8 + 1/2 + X/16 + 1/2 = X$。

　　解之可得:$X = 15$。所以,老丁家有 15 頭牛。

Part8　計算能力訓練思維遊戲

猜年齡

韓蕾所在部門總共四人。這四個人兩兩相加的年齡分別是 56 歲、45 歲、60 歲、82 歲、71 歲,其中有兩個人的沒有相加過。那麼,這四個人的年齡分別是多大?

> **答案**
>
> 分別設這四個人的年齡是 w、x、y、z,可列出如下方程式:
> $w + x = 56$;$w + y = 45$;$w + z = 60$;$x + z = 82$;$y + z = 71$;
> 解得:$z = 43$,$y = 28$,$w = 17$,$x = 39$。所以,四個人的年齡分別是 17 歲、39 歲、28 歲和 43 歲。

井有多深

有個孩子想測量井的深度。他先將繩子折成相等的四段,然後將其放入井底。當繩子到達井底時,繩子露出井口的長度是 3 公尺。當他將繩子折成五段,再將其放入井底時,繩子露出井口的長度是 1 公尺。請問這口井到底有多深呢?

答案

設井的深度為 X,繩子的長度為 Y。依據題意,可知:X + 3 = Y/4;X + 1 = Y/5;解得:X = 7 公尺。

放羊娃

兩個放羊娃在草原上放羊。放羊娃甲問放羊娃乙：「嘿，老兄，你現在有多少隻羊？」放羊娃乙說道：「如果這群羊的數量再多一倍，加上原來羊群數量的二分之一，再加上原來羊群數量的四分之一，並且加上你的一隻領頭羊，數量就剛好湊夠 100 隻。」

那麼，放羊娃乙的羊群到底多少隻呢？

答案

設放羊娃的羊群數量是 X 隻，依據題意可得：

$2X + 1/2X + 1/4X + 1 = 100$；解之可得：$X = 36$ 隻。

Part9
求異能力訓練思維遊戲

　　國王曾經向他的大臣們出了這樣一道難題，面對一扇緊閉的大門，應該如何開啟。大臣們都是整個王國裡最聰明的人，他們用了各式各樣的辦法。有的大臣提出用一百個士兵帶著巨木撞開大門，有的大臣提議叫十個鎖匠將門上的鎖解開。國王都不滿意。

　　這時一個平日裡伺候國王的小侍衛出現在宮殿裡，看著一群大臣一籌莫展的樣子，向國王稟告：「尊敬的國王殿下，這扇門無法推開，而應該面向我們這一邊拉開才行。」國王看著震驚的大臣們微笑著說：「你們是王國的智囊，但卻不能想著轉換一種思考方法來解決問題，真該向我的侍衛好好學習才行啊。」

　　轉換不同的角度看問題，有些困擾你許久的問題就會迎刃而解。快來進入這一章節的學習，在求異的過程中解決一道又一道難題吧！

極大與極小

瑪里・居禮的兩個女兒都非常優秀。有一天，她的朋友向她討教培養和教育子女的祕訣，瑪里・居禮說了一番令人深省的話：「我們考慮問題的時候一定要越出自己生活的圈子，去探索現象的一些極限，比如極大或者極小。如果我們立足於地球，相對於銀河系來說，地球就是滄海一粟。這是一種很好的思維訓練方式，想像一下，我們看到的最大的影子是什麼？如果擁有一雙敏銳的眼睛，這個問題並不難回答。」

你有這樣一雙敏銳的眼睛嗎？我們看到的最大的影子是什麼？

答案

此題考驗的是人的想像力和求異思維。地球的影子，就是我們看到的最大的影子，它就是夜晚。

工具的妙用

愛迪生在向大學生講課的時候提了一個問題，他說：「有兩隻鳥，在空中一前一後地飛著，怎樣才能把牠們都抓住？」大學生們給出很多答案，比如：用槍，用網……方法很多，但是這些方法都難以達到目的。看著大家疑惑的眼神，愛迪生說：「其實，只要藉助一種特定的工具，我們就能很輕鬆抓住牠們，而且還能留作永久紀念。」這個時候，大家才恍然大悟。

愛迪生指的是什麼工具呢？

答案

愛迪生說的是用相機拍下兩隻鳥，這樣就能留作永久紀念。

面試的故事

　　一家公司想招幾名業務員，很多人前去面試。經過幾番考核，三個應徵者被公司留下進行最後的測試。第一個應徵者進來後，主管直接說：「如果你能猜出我的口袋裡有多少錢，我們便考慮錄取你。當然你可以先問三個問題來得到一些信息，可以有三次機會猜我口袋裡的錢數。」接著主管和他的助手做了一下示範，讓助手問了自己三個問題。助手問道：「你的口袋裡有錢嗎？」「口袋裡的錢全是100元鈔票嗎？」「全是零錢嗎？」

　　示範完畢，第一個求職者開始提問：「你口袋裡的錢有幾種面額？最大的面額是多少？最小的是多少？」主管一一作答。接著求職者開始猜，可是他沒有猜對。第二個求職者進來後問主管：「口袋裡全是新臺幣嗎？在500元以下還是以上？整數還是有零頭？」主管一一如實作答，但第二個求職者也沒有猜對。第三個求職者只問了一個問題，便猜對了。於是被主管錄取了。

　　你知道第三個求職者是怎樣問的嗎？

答案

　　第三個求職者問:「請問,您的口袋裡有多少錢?」

瓦特的三維思路

在一次皇家音樂會上,一個貴族用輕蔑的口吻對瓦特說:「樂隊指揮家的指揮棒在物理學家手中僅僅是根棒子。」瓦特說:「的確是根棒子。但是物理學家能用 3 根棒子組成 12 個直角,而你最多能組成 6 個。」那個貴族不服氣,就用 3 根棒子擺了起來,但是始終不能擺出 12 個直角。

你能擺出幾個直角呢?

答案

可以先把兩根棒子擺成「十」字形,然後把另一根棒子立起來,與另外兩根棒子都垂直,並且上下都露出一部分。只要把思維從平面轉向三維,思路馬上就寬闊起來。

新增的智慧

美國旅遊業大王希爾頓年輕的時候，準備到阿拉伯國家推銷地毯。朋友們都勸他不要去，因為阿拉伯國家的地毯在全球是首屈一指的，到那裡去推銷地毯注定會失敗。希爾頓偏偏不信，他帶著自己的地毯去了阿拉伯國家。剛開始的時候，正如朋友說的那樣，他賠了。但他並不罷休，一面推銷地毯，一面了解當地的風土人情。他發現阿拉伯國家的人大部分都是穆斯林的信徒，每天都要跪在地毯上，朝著麥加方向禱告，於是他想到一個好主意。他設計出來一種能幫助人們朝著麥加方向禱告的地毯，小小的創新不僅讓他的積壓品全部賣了出去，還讓他在阿拉伯國家地毯市場站住了腳。

你知道希爾頓用的是什麼方法嗎？

答案

希爾頓在自己的地毯上裝了一個小小的羅盤，讓指標一直指著麥加的方向，不管人們是否能辨識方向，都能對著正確的方向禱告。

華盛頓情景造勢

美國第一任總統華盛頓一直是美國人民的驕傲。他從小天資過人，少年時代所做的一些事情至今仍被他家鄉的人們傳頌。

有一次，華盛頓的鄰居家遭人偷竊，損失了很多衣服和糧食。村長知道這件事情之後，就召集村民開會，討論破案的方法。華盛頓悄悄對村長說：「小偷一定是本村人。你按照我說的做，我就能把案子破了。」

晚上，村長把村民都召集起來，說是聽華盛頓講故事。人都到齊後，華盛頓開講了。他說：「黃蜂是上帝的特使，牠的大眼睛能辨別人的真善，趁著月光飛到人間……」華盛頓突然停了一下，猛然喊道：「小偷就是他，黃蜂正在他頭頂打轉，就要落下來了。」

人群騷動起來，大家都相互觀望。突然，華盛頓指著一個人，說：「小偷就是他。」小偷想否認，但是在事實面前他只得認罪。

你知道小偷是怎麼暴露的嗎？

答案

　　華盛頓先為人們營造一個心理情景,然後再大喊。當他大喊的時候,小偷不知是計,於是開始用手驅趕頭頂的「黃蜂」。

大智若愚

曾任美國總統的加菲爾小時候性格很內向，很害羞，大家一直認為他的智商有問題。有一次，有人把一枚五分的硬幣和一枚一角的硬幣丟在他面前讓他撿。他撿起五分的，卻對一角的視而不見，於是別人都說他是傻子。之後，很多人這樣試探他，但是，他每次都只撿起五分的。這件事越傳越遠，以致大家都認為他的腦子真的有問題。有一天，一個貴婦人問他：「難道你不知道一角要比五分大嗎？」加菲爾回答說：「我當然知道！」

既然加菲爾知道，為什麼他還要那樣做？

答案

如果他撿起一角的，別人就不會再故意丟錢讓他撿了。

揭開漩渦祕密

麻省理工學院機械系主任夏皮羅在洗澡時發現，每次洗完澡放水，水的漩渦總是向左旋轉。他百思不得其解，於是抓住這個問題不放，進行實驗研究。經過長期的探索，他知道了其中的奧祕：水流的漩渦方向是一種物理現象，與地球自轉有關。如果地球不自轉，水流就不會產生漩渦。因為地球在不停地自西向東旋轉，而美國在北半球，所以使得洗澡水向左旋轉。這一觀點引起了科學界的極大興趣，於是很多人到各地進行試驗，結果都證明夏皮羅是正確的。

那麼，假如是在臺北，洗澡水的漩渦應該是向左還是向右呢？

答案

臺北位處北半球，所以洗澡水的漩渦也是向左旋轉的。

Part9　求異能力訓練思維遊戲

Part10
應變能力訓練思維遊戲

　　富豪不想付給工人薪水，他認為自己很聰明，想出了一條詭計：富豪和妻子下三盤棋，讓工人預測勝負，贏的話加上一個月的工錢，輸了分文不給。工人在地上寫了「你贏她輸」四個字。第一盤，富豪贏了，工人提筆標上標點，改成：「你贏，她輸。」第二盤，富豪輸了，工人再次改成：「你贏她？輸！」第三盤，打了個平局，工人又改成：「你贏？她輸？」富豪不得不多付給工人一個月的工錢。

　　透過問題，看見本質，面對一切問題都能夠積極地想出解決的方式，需要你擁有足夠的應變能力。快來進行我們本章節的練習，更加積極地應對一切困難與挑戰吧！

虛實探真假

在一輛公車上，乘務員對大家說：「我剛才撿到一個包包，裡面有不少錢，請問這是誰的包包？」車廂裡的乘客互相看了看，無人應聲。過了一會兒，一個男子站起來說：「那是我的包包，裡面有我剛從郵局領的錢。」乘務員看見男子臉色有點不對勁，就產生了懷疑。她打開包包看了一下，說：「那麼，包包裡的手槍也是你的了？」「什麼？手槍！」男子掩飾不住臉上的驚慌，連忙說：「這個包包不是我的。」這時候，車廂裡的乘客都看著男子，男子頓時羞愧地低下了頭。

包包裡真的有手槍嗎？

答案

這只是乘務員設的一個局，就是為了讓男子說出真話。

一「紙」奪魁

有一位大學畢業生，早上很早就起來到一家公司去面試。但是，當她趕到的時候，前面已經排了很多人，而這家公司只招三人。看到自己的希望不大，她靈機一動，在一張紙條上面寫了一行字，交給負責接待的工作人員，並對工作人員說：「這個紙條很重要，請務必交給你們老闆。」最後，輪到她面試了，她很輕鬆地回答了老闆的問題。老闆拿出她寫的紙條，說：「妳的真實水準和我期待的一樣。」結果，她得到了工作。

你能猜出這位大學生在紙條上寫的是什麼嗎？

答案

紙條上寫的是：「我排在最後面的位置，在你沒有見到我之前，請不要決定聘用誰。」這是一種延時變通的做法。

Part10　應變能力訓練思維遊戲

呂叔湘巧回信

有一次，著名語言學家呂叔湘收到一封請教語言方面問題的讀者來信。他很快把回信寫好了。但在準備寄出去的時候，卻被難住了。原來，寫信人的署名很潦草，根本無法辨認是什麼字。不回信顯得不妥，回信卻不知道該寄給誰。呂先生費盡心思，還是沒有想出什麼好辦法。最後，他拿著信封仔細看了一會兒，突然心中一亮，高興地說：「有辦法了。」

請問，他想出了什麼好辦法？

答案

他把來信人的簽名剪下來，然後按照來信人提供的地址把信寄過去。

楊小樓救場

京劇武生一代宗師楊小樓在北京第一舞臺演《青石山》時扮的是關羽。一天，演周倉的老搭檔請假了，於是找了一個花臉代替。可是那天花臉喝酒了，到場時昏頭昏腦的，竟然忘了戴道具鬍子。下面的觀眾一看開始喝倒彩，楊小樓靈機一動，臨時加了臺詞：「面前所站何人？」演周倉的花臉愣住了，不知道怎麼回事，就回答說：「周倉……」楊小樓連忙說：「原來是周倉之子！」並做了一個捋鬍子的動作。這樣一來，把那個演員嚇清醒了，一下子愣在了那裡。楊小樓緊接著又說了一句話，很自然地把問題解決了。

你知道楊小樓說的什麼話嗎？

答案

楊小樓說：「趕緊下去，讓你爹爹前來。」那個演員趕緊藉機下去，戴好鬍子，重新上場。

暗示獲救

　　瑪麗亞從電視上看到一則消息：花園街有一位 79 歲的老人，在遭遇搶劫後被槍殺。目擊者說凶手穿的是綠色西裝。

　　花園街正是瑪麗亞住的那條街，因此她心裡有點害怕。就在這時，她發現自家陽臺上有一個 40 歲左右的男子，身穿綠色西裝，並且衣服上有血跡。瑪麗亞的臉都嚇白了。那個人看見瑪麗亞就走了進來，讓瑪麗亞把手錶和金戒指給自己。

　　就在這時，有人敲門。那個人用槍抵著瑪麗亞的背，說：「就說妳已經睡了，不能讓他進來。」

　　敲門的是一名警官，就住在瑪麗亞的樓上。因為他知道凶手就藏匿在這一帶，所以過來看看瑪麗亞是否在家。瑪麗亞一聽聲音，就平靜了很多，對著敲門的人說：「以後不要這個時候敲門，隔壁的德爾大叔已經睡了，我也睡了，你走吧！」

　　「幹得不錯，太妙了。」那個人很高興，於是坐在沙發上喝起酒來。突然，從陽臺上衝進來很多警察，沒等那人反應過來，就把他銬起來了。

「好主意！」剛才敲門的那個警官鄰居對瑪麗亞豎起大拇指。

你知道瑪麗亞的好主意是什麼嗎？

答案

隔壁根本就沒有德爾大叔，所以警官知道屋內有異常情況。

弱女留痕驗賊

一位女記者在公車上丟了錢包。等公車到站後，她第一個跑了出去，對著站牌周圍的警察喊：「不要讓車上人下來，我的錢包被偷了，請您幫我查一下。」

警察說：「不讓人下來沒什麼問題，但總不能讓我搜每個人的身吧？」

女記者說：「不用搜身，只需要檢視一下車上男士們的鞋子就行。當時我在小偷腳上狠狠踩了一腳。」原來女記者感覺到有人在偷自己的錢包，但是她不敢喊叫，就在車搖晃的時候向後退了一步，踩在那個人的腳上。

警察按照女記者的建議，把男士全部留在車上。經查驗，果然看見一個人皮鞋上有腳印。讓他脫下鞋和襪子一看，腳背上有一片紅腫。警察一搜他的口袋，果然找到了女記者的錢包。

最後，警察問女記者：「妳身後有很多男人，妳怎麼就斷定妳踩的是小偷，而不是其他乘客呢？」

你能回答警察的問題嗎？

答案

　　女記者踩得那麼狠,如果是一般的乘客,一定會大喊大叫起來,但是被踩的人並沒有任何反應,所以肯定是小偷。

Part10　應變能力訓練思維遊戲

解除難堪

有一家飯店，想招幾名男侍者。前去應徵的人很多，老闆想考考他們。他問這些應徵者：「有一次，當你走進客人房間的時候，發現女客人正在洗澡，你應該怎麼辦？」

有的說：「對不起，小姐，我不是故意的。」有的說：「小姐，我什麼都沒有看見。」……老闆都不滿意。

怎麼回答才能讓老闆滿意呢？

答案

應該說：「對不起，先生，我不是故意的。」明知道是女客人，卻稱呼先生，這樣不僅給自己解除了難堪，也為女客人帶來了安慰心理（對方沒看到自己）。

試探辨真假

　　某機關來了幾個打扮新潮的女子，她們讓人看著很不舒服。她們拿著一封介紹信，上面寫著：「家鄉受自然災害，請援助。」並且有某鄉政府的印章。機關裡的人看幾個女子的打扮，心中生疑。小王忍不住說：「看妳們的打扮，不像是受災戶啊！」

　　幾個女子並沒有說話，過了一會兒，其中一個拿出一張紙，在上面寫著：「我們是聾啞人。」

　　小王說：「剛好，我會手語，我和你們交流。」說著，就向她們比起了手勢，一招一式還真像那麼回事。

　　不料，幾個女子看見小王比手語，全都愣住了。相互看了一下，馬上走了。同事們好奇地問小王：「共事這麼多年了，怎麼沒聽說過你會比手語啊？」

　　小王真的會手語嗎？

答案

　　小王不會手語。他心裡清楚這幾個女子是騙子，肯定看不懂手語，於是就以假治假。

妥協有術

小梅參加一個朋友聚會，直到凌晨一點聚會才結束。回家時，她一個人走在冷清的大街上。突然，一個男子出現在她面前，拿著一把匕首，指著小梅說：「我不會為難妳，只要把妳身上最值錢的東西留下就行。」

小梅用大衣掩飾住自己脖子上的項鍊，把自己的耳環摘下來遞給男子。男子笑著說：「不要糊弄我，趕快把項鍊給我。」小梅沒有辦法，只好把項鍊給了男子。男子接過項鍊後，果然很守承諾，又把耳環還給了小梅。事後，小梅說自己這是「妥協有術」。

你知道小梅說的「妥協有術」是什麼意思嗎？

答案

小梅的項鍊是假的，耳環才是最值錢的。

相士智辨千歲妻

　　唐朝時，鎮守江西的千歲王李德誠有位美貌絕倫的妻子。而當地有一位善於察言觀色的相士，很有名氣。有一次，千歲王請相士喝酒。喝到高興時，相士說：「我看得出您是賢明之主，日後定能成就大業。」千歲王就指著庭前5個穿戴一模一樣的年輕女子說：「那你能看出來哪個是我的夫人嗎？」

　　相士傻眼了，說實在話，他根本沒有多大本事，只不過是巧舌如簧罷了，相士想：如果自己看不出來，就會被人瞧不起，現在只有硬著頭皮猜。聽大家都說千歲王的妻子漂亮，那就哪個漂亮猜哪個。想畢，相士走到5個女子面前。他反覆打量5個女子，發現她們簡直長得一模一樣，根本看不出來哪個長得漂亮。他偷偷看了一眼千歲王，發現他露出了狡黠的微笑，不禁愣了一下。情急之下，他想出一計，說：「夫人，妳頭上落了一隻蝴蝶。」

　　你知道相士這樣說的目的嗎？

Part10　應變能力訓練思維遊戲

> **答案**
>
> 　　因為其他 4 名女子肯定知道誰是千歲王夫人，聽相士這麼一說，她們就會好奇地看過去。這樣一來，就能辨出誰是千歲王夫人了。

拖延死刑

古時候，英國有一個大盜。他在偷竊王室的珍寶時被當場抓獲，法庭判處他死刑。大盜知道詹姆士六世曾經要求人人讀《聖經》，於是要求在死之前能好好懺悔一下。獄卒就把大盜的要求報告了上級，經國王許可，嶄新的《聖經》到了大盜的手上。大盜詳細地說明了自己的閱讀計畫後，國王同意了，後來國王知道自己上當了。實際上，讀《聖經》只是大盜想拖延自己的死刑判決。

你知道大盜的計畫是什麼嗎？

答案

國王准許大盜讀完《聖經》之後再執行死刑，但並沒有定下讀完《聖經》的期限，因此大盜的刑期就完全由自己控制了。

Part10　應變能力訓練思維遊戲

易容術捉匪

　　有一個女易容師，手法相當高明，她能把一個四五十歲的男演員變成二十來歲的「奶油小生」，也能把妙齡少女變成暮年老者。有一天，一個越獄的罪犯闖入她家，用刀逼著她說：「現在警察正在搜捕我，趕快替我易容，否則要了妳的命。」女易容師被迫把罪犯變成了一個臉色黝黑的中年男子。罪犯一看完全不像自己了，就把女易容師雙手綁住後離開了。可是，他一出門，立刻就被警察逮住了。

　　這位女易容師到底做了什麼呢？

答案

　　女易容師把自己前幾天剛看見的一個通緝犯的臉「移植」到了罪犯的臉上，這種「換湯不換藥」的做法使罪犯沒能擺脫警察的追擊。

懸崖叫停解危

兩個畫家一起到一個風景秀麗的山上去寫生。不知不覺間，他們來到一處懸崖邊。一位畫家畫了一幅很滿意的畫作。他想遠距離欣賞一下自己的作品，於是便向後退了幾步。完全沉浸在創作熱情之中的他沒注意到自己已經退到了懸崖邊，再後退一步就會掉下去了。這個時候，另一個畫家發現了險情。可是，這時大聲喊叫可能會使即將掉下懸崖的畫家因為受刺激而加速後退，而跑上前去阻止已經來不及了。

你知道採用什麼方法最有效嗎？

答案

拿起那個畫家的作品，把它撕成碎片，那個畫家就會衝上來保護自己的得意之作。

〈藍色多瑙河〉

著名作曲家史特勞斯一生創作了很多著名的樂曲,〈藍色多瑙河〉就是其中一支。而〈藍色多瑙河〉的創作過程也非常有趣。有一次,史特勞斯和朋友一起到海邊玩,黃昏的時候,他一個人出來散步,看到夢幻般的海面,他又想到了樂曲。不知不覺間,他突然來了靈感,腦海中出現了一段美妙的旋律。史特勞斯趕緊從口袋裡拿出筆,但是,他的紙不知道什麼時候弄丟了,這可怎麼辦啊?再好的旋律,沒有東西記下來也只是徒勞。就在這時,他靈機一動,巧妙地將這段流芳百世的名曲旋律記錄了下來,那麼,你知道他是怎樣做到的嗎?

答案

他把那段旋律寫在了自己的白襯衫上。

裝聾作啞顯真相

有一位老人把自己的驢拴在了一棵樹上。這時，有個年輕人也牽來一頭驢，想拴在那棵樹上。老人說：「一棵樹是不能同時拴兩頭驢的。我的驢性子比較暴躁，恐怕會出亂子。你還是把你的驢拴到別的樹上吧。」年輕人生氣了，說：「老頭，我今天偏要把驢拴到這棵樹上。」說著就把驢拴好離開了。

過了一會兒，兩頭驢開始相互踢打。很快，年輕人的驢被踢得遍體鱗傷。等年輕人辦完事回來，看見自己的驢傷成那樣，慌忙拉住老人，說：「老頭，你要賠我的驢。」老人起初與年輕人講理，但是年輕人根本不聽。老人沒有辦法，只好和年輕人一起找人評理。

不管評理的人怎麼問，年輕人怎麼吵，老人就是不開口。評理的人說：「這就難辦了，他是個啞巴，你們之間的矛盾弄不清楚。」

年輕人很氣憤，說：「他不是啞巴，剛才還說話呢！」

你知道老人為什麼裝啞巴嗎？

Part10　應變能力訓練思維遊戲

> **答案**
>
> 　　這樣一來，評理的人就會讓年輕人把老人說過的話從頭到尾重複一遍，而老人的忠告也會被說出來，事情的真相自然顯出來了。

Part11
迂迴能力訓練思維遊戲

　　下雨的時候，面前出現了一個大水坑，只要繞過去便可以繼續我們的行程。其實在現實生活中，也有很多時候需要我們像繞過水坑一樣選擇用一種更加迂迴的方式來解決問題。有時候轉換一種方式，以退為進之後我們會獲得更好的結果。

　　我們不能改變雨水降落的位置，但我們可以改變自己的腳步。我們不能改變事情發展的進程，但可以改變自己應對它的姿態和方式。

正文反作有韜略

楚莊王很愛馬，他給自己的馬披上綢緞，還餵牠們吃棗泥，讓馬享受和大臣一樣的待遇。有一次，楚莊王的一匹馬死了，他準備以大臣的規格安葬。大臣們都勸他不要那樣做，楚莊王發怒了，說：「誰再勸我，我就讓他給馬陪葬。」優孟聽說了這件事，大哭著叩見楚莊王，他沒有像其他大臣那樣勸楚莊王，只是說了一段話，就讓楚莊王改變了主意，你知道他說了什麼嗎？

答案

他說：「人們都知道大王把馬看得比任何人都高貴。現在大王的馬死了，用大臣的規格埋葬實在太輕了，應該用國君的規格。」楚莊王聽後慚愧不已，立即改變了主意。直諫往往會激怒君王，聰明的人往往會用正文反作的策略指出君王的錯誤之處。

借展促銷

　　A 公司是美國的加溼器生產廠商，他們並不是靠花錢做廣告達到獨領市場風騷的地位，而是靠巧妙地推銷自己的產品。有一年，A 公司得知華盛頓某加溼器在州內各大商場開展促銷活動，於是斷定那家公司會大力做廣告宣傳吸引顧客。A 公司分析情況後，並沒有按照常規方法開展廣告攻勢，而是做了一件事，就達到了促銷的目的。

　　你知道 A 公司做了什麼嗎？

答案

　　在競爭對手大肆宣傳的時候，A 公司把自己的新型產品和對手的產品擺放在一起，結果被吸引來的顧客在比較之後還是選擇了 A 公司。這種借風使船的做法雖有投機之嫌，卻給自己帶來了豐厚的利潤。

老人衫重放異彩

有家服裝廠，主要生產男士襯衫。隨著潮流的變化，那種老式襯衫變得無人問津了，以至於後來成了退休人員才穿的衣服，因此被人們稱為「老人衫」。該廠的「老人衫」大量積壓，工廠面臨破產。這個時候，一個年輕技術員講了「百鳥獻羽」的故事，說一隻醜鳥可以變成鳳凰，只要大家都動動腦筋，「老人衫」一定會有銷路。按照他的思路，他們真的想出了讓積壓品變為暢銷品的好辦法。

你知道他們想出了什麼好辦法嗎？

答案

他們在「老人衫」的前胸和後背印上一些美術字的警句，如「別煩我！」、「退一步，海闊天空」等字樣，迎合了年輕人獵奇的心態。他們用「流行文化」做賣點，讓「老人衫」變身為「潮流衫」。

懸筐設獎填水坑

唐朝有個叫裴明禮的人，非常懂經商之道。他居住的城中心有一塊空地，空地中央有一個大水坑，裴明禮花了很少的錢就把那塊空地買下了。當時大家都說他傻，買了一個沒有任何用途的大坑。第二天，人們意外發現大坑旁邊豎起一個木棍，上面吊著一個小竹筐，旁邊寫著：凡是用土塊擊中小竹筐者，賞錢10文。世上竟有如此便宜的事情，大家都爭先恐後往大坑中扔土塊。但是，木棍有點高，竹筐又很小，基本上沒有多少人能夠擊中。

你知道裴明禮這樣做的目的嗎？他接下來又要做什麼呢？

答案

他這樣做是在借力填坑。大坑填平以後，他建起了牛圈、羊圈，把牛羊賣給往來的商販，把糞便賣給種田的農民。賺到錢以後，他就在這塊地上蓋起了房子，建起了養蜂房……後來，他成了遠近聞名的富紳。

小商人智取貨款

一位小商人，年關時辛辛苦苦趕製出一批貨，交給了一個新客戶。他交貨之後，卻遲遲不見客戶匯款，於是，小商人搭火車找到客戶的公司。他等了很長時間，才拿到一張十萬元的支票。不料，銀行的工作人員卻說這個戶頭很長時間沒有資金往來了，帳號裡的存款也不足，無法兌現。小商人頓時明白了，這是那個客戶的小動作，就是想為難自己。他想了想，便問銀行工作人員裡面到底有多少錢。銀行工作人員說裡面有九萬八千元。小商人轉念一想，立即做出一個決定，最後順利地取到了錢。

你知道小商人做了什麼決定嗎？

答案

小商人往那個帳號裡匯了兩千元，這樣一來，支票就能兌現了。

把木梳賣給和尚

　　一家公司經營有方，需要擴大業務，因此準備應徵一批行銷人員。前去應徵的人很多。這家公司就想到了一個絕佳的選拔方法。他們把所有應徵人員召集到一起，宣布說：「為了能選拔出高水準的行銷人才，現在我們來做一個任務，誰有辦法把木梳賣給和尚，我們就會聘用他。」

　　誰都知道和尚是不用木梳的，把木梳賣給和尚簡直是不可能的事情，於是很多求職者離開了。最後只有小王、小張和小李留了下來。公司經理讓他們在十天之內完成任務。十天過去了，三人都回到公司。

　　小王找了很多寺院，都被和尚趕了出來，最後，只有一個善良的老和尚買了他的一把木梳。小張到達一個寺院的時候，由於風大，很多前去燒香的人都被吹得蓬頭垢面，於是小張勸說寺院買些木梳給信徒整理頭髮，因此那個寺院買了他 10 把木梳。但這兩人均未被公司聘用，而小李則成功賣出了 100 把梳子，被這家公司正式聘用。你知道小李的木梳是怎麼賣出去的嗎？

答案

　　小李對寺院住持說：「我看見很多信徒走了很遠的路前來燒香，您為什麼不贈這些信徒一些禮物呢？好讓他們覺得不虛此行。我這裡有 100 把木梳，您用書法在每個木梳上寫『積德行善』四個字贈予香客。信徒們領到禮物後定會相互轉告，這樣一來，寺院的香火就會越來越旺。您看，這不是一件很好的事嗎？」住持聽完小李說的話，覺得很有道理，就答應買下 100 把木梳了。

以色還色鬥財主

有一個財主，做了一套新家具，不過新家具還沒有刷油漆。財主在家門口貼了一張告示：招油漆工一名，能按照樣品漆好家具，付雙倍工錢。有一位技藝比較高超的油漆工前去應徵，財主拿出一塊漆好的小木板，對油漆工說：「你就按照這個顏色來漆。」

油漆工技藝的確高超，很快就漆好了。財主仔細對比後說顏色深了一點。於是，油漆工又重新漆。可是財主又說顏色淺了一點。油漆工知道這是財主在找藉口不付錢，於是只好自認倒楣。

油漆工回去以後悶悶不樂，兒子知道這件事情後說自己有辦法。沒過多久，財主家的兒子結婚，又做了很多家具，並且貼出了同樣的告示。油漆工的兒子就去了，財主一看是個孩子，就有點不信任他。但是他想到能免費漆家具，也就將就了。幾天以後，油漆工的兒子便把家具漆好了，這個時候，財主故伎重演。油漆工的兒子便與他吵了起來，引很多人前來看熱鬧。財主拿出樣品，硬說顏色不一樣。但是油漆工的兒子說了句話，財主頓時啞口無言了，只好乖乖付了工錢。

你知道油漆工的兒子說的是什麼話嗎？

答案

　　油漆工的兒子說:「我漆家具的時候,連同你的樣品一起漆過了,怎麼會不一樣呢?」

借生意竊情報

1973 年，蘇聯在美國放出風聲，他們將挑選一個美國飛機製造公司為他們建造一個世界上最大的噴氣式客機製造廠（每年可以生產 100 架巨型客機）。如果美國公司的條件不適合，就找其他國家做這筆 3 億美元的生意。

美國的三大飛機製造商都想拿下這筆生意。蘇聯便與三家公司周旋，後來，波音公司為了展示自己公司的實力，便同意讓蘇聯專家進入他們的精密實驗室考察。蘇聯專家拍下了大量照片，得到了大量數據，還帶走了波音公司製造巨型客機的詳細計畫。波音公司熱情送走蘇聯專家之後，歡天喜地等著簽合約，誰知蘇聯方面再也沒有了消息。過了不久，美國人發現蘇聯已經製造出一種新式噴氣式運輸機，而且製造飛機的合金材料和美國波音公司的一樣。

請問，這是怎麼一回事呢？

答案

蘇聯專家在考察波音公司的精密實驗室時成功獲取了製造飛機的合金材料的成分資訊，他們在考

察時所穿的皮鞋是特殊材料製成的,能吸取製造飛機的合金材料的金屬屑。他們把金屬屑帶回去分析、研究,就得到了合金材料的成分。

李斯特的反擊

19世紀最著名的鋼琴演奏家李斯特某次赴俄國為沙皇表演鋼琴獨奏。在演奏過程中，傲慢的沙皇並沒有把注意力放在李斯特的表演上，而是不停地與他的官員們大聲談話。李斯特對此十分反感，可是又不能直接表達自己的不滿，過了一會兒，沙皇與官員們的談話聲越來越大了，李斯特也越來越氣憤，最後，他用一種特別的方式解除了自己的尷尬，幽默而巧妙地回擊了沙皇並維護了藝術尊嚴。你知道他是怎麼做的嗎？

答案

李斯特停止演奏。當沙皇問他為什麼不演奏了的時候，他對沙皇說：「陛下在說話時，我應該保持靜穆才是。」

沙土拖橋墩

一場暴雨沖毀了森林邊的小橋，連鋼筋混凝土做的橋墩也被沖到了下游。要想再重新架橋，就需要把橋墩搬回來，於是隊長安排兩艘大船去下游拖橋墩。可是，橋墩太重了，繩子都拉斷了，也不見橋墩有絲毫移動。就在大家發愁之際，一個老工人想出了一個辦法，終於把橋墩拖回了上游。

老工人想出了什麼辦法呢？

答案

先把兩艘大船裝滿沙土，然後把船開到橋墩上方，用繩子把橋墩套牢，然後把沙土卸下去。這樣，船就會因為浮力作用而升高，從而順勢把橋墩拖出來。

打草驚蛇的搜捕

伊莉莎白一世在位期間，政敵很多，她的王位和生命不時受到威脅。有一次，蘇格蘭的瑪麗女王制定了暗殺伊莉莎白的計畫，並透過英國王宮裡的巴賓頓聯絡其他六人去實施。負責女王安全的英國情報機關首腦沃辛漢及時發現了這一陰謀。但是，沃辛漢只知道巴賓頓是這次行動的負責人，不知道其他六人是誰。這六名身分不明的陰謀分子都隱藏在王宮中，時刻威脅著女王的安全。沃辛漢決定用「打草驚蛇」之計把那六人揪出來。

如果你是沃辛漢，應該從哪兒著手？

答案

沃辛漢先發出了對巴賓頓不利的訊號，故意讓他察覺到自己已經被人盯上了，巴賓頓感覺事情不妙就會和其他六人逃離王宮。自然，沃辛漢一查名冊就可以知道這六個人是誰，便可立即展開大搜捕。果然不久，沃辛漢就把巴賓頓和其他六人一舉抓獲了。

有捨才有得

有一個花農，從外地引進了一種名貴的花卉，在自己的花圃裡培育。第一年，他獲得了很大的成功，引起了花卉市場的轟動，因此賺了很多錢。面對這樣的結果，花農信心大增，第二年就擴大繁殖，希望賺取更多的錢。然而，事與願違，他的花沒有上一年的長勢好，還有很多雜色，於是他就去請教專家。專家去了他的花圃，仔細觀察了一番，然後問道：「你的鄰居都種了些什麼花？」

花農說鄰居種的都是一些本地的品種。專家告訴他，是鄰居的花粉傳了過來，導致他的花出現雜色。可是花粉是透過風傳播的，很難找到一種方法來阻止風的傳播。針對這個問題，專家出了一個主意，花農半信半疑地照做了。結果，第二年的花果然開得分外妖嬈。

你知道專家提出的是什麼辦法嗎？

答案

專家讓花農把這種花卉分給鄰居培育，只要大家種的都是同一種花卉，就不存在花粉干擾的因素了。

打賭總是贏

有一個叫帥克的人，跟別人打賭的時候總是能贏。有一天，一個警察想敲詐帥克，便說有人告他偷竊。帥克說自己的東西都是打賭贏的，從來沒有偷竊。警察不信，帥克就跟警察打賭證明自己。帥克說：「我賭你明天會長出一條尾巴。我輸了，就給你100元；我贏了，你就給我100元。」警察覺得這是不可能的，於是滿口答應了。第二天，警察去找帥克要錢，帥克說：「你脫下褲子我看看。」警察照辦了。這時，帥克高興地衝進內屋，大聲說：「我贏了。」然後拿著一大疊鈔票衝出來，抽出一張面額100元的遞給了警察。與此同時，警察的家人也走了進來，每人給了警察一個耳光，說：「真不像話，一個警察脫褲子給別人看。」

這是怎麼回事？警察的家人充當了什麼角色？

答案

帥克與警察打賭後，又與警察的家人打賭說自己能讓警察脫褲子給自己看，因此，帥克最終贏了錢。

Part11　迂迴能力訓練思維遊戲

Part12
發散能力訓練思維遊戲

　　當我們在看見同一顆石頭的時候，不同的人會有不同的看法。

　　有些人會想這顆石子真漂亮，可以用來製作遊戲道具；有些人會想這顆石子真堅硬，可以用來做鋪路的材料；有些人會想這顆石子真特別，可以用來研究它是怎麼形成的。

　　一顆石子對於我們來說可以有各種使用方式，在這個思考的過程中，我們不斷將石子和其他各式各樣的事物相連繫，我們也因此更容易理解了整個世界的事物。

　　世界是奇妙而宏大的，我們在這個世界中只是渺小的一分子，但這並不妨礙我們將這個世界透過擴散性的思維互相連繫起來。一隻在太平洋上搧動翅膀的小小蝴蝶甚至能夠掀起一場熱帶風暴！讓我們透過發散自己的思維，更好地去了解整個世界吧！

　　就讓我們在這一章的遊戲中找到繞過水坑的方式，在迂迴之中不斷前進吧！

金錢不是萬能的

金錢可以買到很多東西,但它不是萬能的。請運用擴散性思考,聯想一下金錢的作用和局限,把下文接寫下去。

①能買書,不能買知識;

②能買床,不能買睡眠;

③能買飯,不能買食慾;

答案

能買藥,不能買健康;能買房,不能買親情。

把藝術家比作什麼

　　畫家林風眠曾把藝術家比作蝴蝶：一隻毛毛蟲，為了飛起來，從繭中掙扎出來，變成翩翩起舞的蝴蝶。

　　請你思考：

　　①把藝術家比作春蠶，行嗎？

　　②把藝術家比作蜜蜂，行嗎？

　　……

　　如果可以的話，你可以選擇一個，寫一段短文。

> **答案**
>
> 　　藝術家就好比蜜蜂，牠不會停留在一朵花上，而是辛勤地去親近所有花朵。這不正是藝術家辛勤創造的寫照嗎？

大山的回報

有個小孩不知道回音是怎麼回事。有一次，他對著大山喊：「喂！」大山立即反射回他的聲音：「喂！」他又喊：「你是誰？」大山也說：「你是誰？」他又尖叫道：「你是個蠢材！」大山也說：「你是個蠢材！」小孩覺得自己受到了傷害，大罵起來；回音也不相讓，開始與小孩對罵。這時候，一個老者對小孩說：「孩子，你應該和氣地對它說話，那樣，它也會很和氣地對你。」小孩照著老人的話去做了，大山的態度果真和藹了。

讀了以上文字，請發散你的思維，說出你感悟出的人生道理。

答案

要想獲得別人的尊敬，就要先尊敬別人。用粗暴的態度對待別人是自討沒趣，我們應該用溫柔的話語化解別人的憤怒。

季羨林軼事

大學剛開學的時候，一個外地來的學生帶了很多行李，於是對一位迎面走來的老人說：「您能不能幫我看一下行李，我趕著去報到，東西沒地方放。」老人答應了，於是，那個新生就去辦理各項入學手續。一個小時以後，學生回來了，老人也完成了自己的使命。學生謝過老人，兩個人就各自離開了。幾天後，學校舉行開學典禮，學生驚訝地發現主席臺上坐著的副校長季羨林先生正是那天幫自己看行李的老人。

請發散你的思維，說說你從季羨林的做法中感悟到了哪些處世之道？

答案

1. 不以善小而不為。
2. 平易近人，以身作則。
3. 沒有大人物與小人物之分。

Part12　發散能力訓練思維遊戲

巧妙的比喻

　　我們不能像攢錢一樣累積自己的生命，當一個人企圖做生命的守財奴時，通常會落得一個很慘的結局。如果智慧被隱藏起來不用，人就會變得愚蠢；如果意志被隱藏起來不用，人就會變得懦弱；如果情感被隱藏起來不用，人就會變得麻木……

　　想像一下，失去智慧、意志和情感的人會變成什麼樣子，請給出幾個比喻。

答案

　　可把生命比作「樹椿」、「爛白菜」、「行屍走肉」等。

「移一移」的結果

很多情況下，把一件事情的屬性移到另外一件事情上，就能使事物的功能更為豐富，也能為人們的生活提供方便，這就是「移一移」的方法。

①現有的東西，如果保持原有狀態，能否擴充用途？
②將一個事物的屬性移到另一個事物上，能否獲得成功？
③有些事物屬性改變了，使用空間也可以轉移嗎？
請舉例說明。

答案

①吹風機可以用來烘乾被褥，可以發明「被褥烘乾機」。
②路邊攤到了冬天就不方便了，可以研製一個能收起來的傘狀「營業房」。
③有些人喜歡在浴池泡澡的時候看書，但是書經常被打溼。如果研製出來一種塑膠書，人們就能在泡澡的時候盡情閱讀了。

與眾不同的圖形

一個圓形，一個正方形，一個半圓形，請你從三個圖形中找出與眾不同的一個，並說明選它的理由。

答案

都可以選。

選擇圓形，因為它是唯一全部由弧線構成的圖形。

選擇正方形，因為它是唯一全部由直線構成的圖形。

選擇半圓形，它是唯一由直線和圓弧構成的圖形。

沒有窮盡的切割

有一塊正方形土地，可以用兩條直線把它切割成大小、形狀完全一樣的四塊。你有多少種切法？

> **答案**
>
> 我們首先會想到「對角線切割」和「田」字形切割，當然不只這兩種切割方法。只要以正方形的中心為旋轉中心，旋轉兩條垂直的直線，無論停留在什麼位置，都能把正方形分成相同的四塊。

分辨液體

西西拿來兩個杯子，分別向裡面各倒入一種無色、無味、不能相互混合且密度不同的液體。他對楠楠說：「這兩個杯子中有一種液體是水，不能品嘗，也不能用鼻子去聞，因為另一種液體有可能是有毒的化學試劑，請問你有什麼辦法把水辨別出來？」

楠楠被西西出的題目難住了，你來幫幫他吧。

答案

向兩個杯子裡各滴入幾滴水，看水滴能與哪個杯子裡的上層液體相混合，能夠混合在一起的就是水。

伽利略的故事

伽利略很喜歡去教堂，因為教堂裡不僅有很多藝術品供人欣賞，而且安靜的環境便於思考問題。有一次，伽利略在教堂裡坐著，看見教堂裡的燈被正在玩耍的小孩用棍子碰了一下，就來回擺動起來，擺了很久才停下來。於是，他找來一個東西，反覆試驗著。他發現，不管擺動幅度多大，最終停下來的時間都相同。受到啟發以後，他就用一些彈簧、繩子、齒輪和鐵片做了一個模型，並向朋友展示自己的傑作，你知道這是什麼模型嗎？它的作用原理又是怎樣的呢？

答案

這個模型是鐘擺的雛形。它的作用原理是：當振擺擺回來的時候，彈簧就會扣在第二個齒輪上，然後輪子又會把彈簧彈出去，彈簧會一個接一個扣在每一個齒輪上。就這樣，輪子就會慢慢轉動。因為振擺每次擺動的時間是一樣的，所以輪子的轉速也是均勻的，這樣時鐘就能走得很準。

「女」旁褒貶

相傳，掌管造字的王志覺得天下很多事情都壞在女人身上，於是就將一些貶義詞與女人聯繫在一起，如「嫉」、「奸」、「媸」（醜）、「婢」等。後來，他結識了一個女才子，這位女才子知道王志造的這些字後非常生氣，決定要為女人出口氣。於是，她用「女」做偏旁，造出了一些褒義詞，如「妙」、「媚」、「妍」、「好」等。

你能以「女」為偏旁，說出褒義和貶義的字各五個嗎？

答案

褒義：姝、嬌、嬤、媛、婷；
貶義：妄、娼、妓、妖、嫌。

特殊算式

請你先觀察一下下面的算式,再回答問題。乍一看,這些算式都是錯的,但在某種情況下它們卻能解答某些現象。請你仔細想一想,在什麼條件下,這些特殊算式才是成立的呢?

① 10 + 10 = 10

② 6 + 6 = 1

③ 4 + 4 = 1

④ 4 − 1 = 5

⑤ 7 + 7 = 2

⑥ 3 + 3 = 0.5

答案

①一雙手是 10 個手指,戴上 10 指手套,仍是 10 個手指。

② 6 個月加 6 個月正好是 1 年。

③星期四再過 4 天,就是星期一了。

④ 4 角方桌鋸下 1 個角,就成了 5 個角了。

⑤上午 7 點再過 7 個小時,就是下午 2 點了。

⑥ 3 個月加上 3 個月正好是半年。

Part12　發散能力訓練思維遊戲

巧驅毒蟲

有位女士發現一隻毒蟲鑽進了電視機後面的牆洞裡。由於擔心孩子的安全，她希望清除掉這一危險物。此時已經是深夜了，她沒有可以殺死這隻毒蟲的藥物，也討厭殺任何活的東西，而且她又不希望拿東西砸進牆裡而使房子遭到破壞。她有什麼辦法可以不防毒蟲又能把牠弄出來？

答案

可以利用屋裡的燈光。拿一個玻璃杯子扣在洞口上，然後把一束光透過玻璃杯射進牆洞裡。當毒蟲從洞裡爬出來，爬進玻璃杯裡後，就用一張硬紙片把杯口蓋住。

Part13
聯想能力訓練思維遊戲

「腦力激盪」實在是一個令人著迷的遊戲，我們可以從水聯想到杯子，再由杯子聯想到陶瓷，由陶瓷聯想到泥土，從泥土聯想到樹木，再從樹木聯想到光合作用，由光合作用聯想到水蒸氣。

怎麼樣，一件事物能夠在想像中逐漸與其他事物產生連繫，並且在不斷地聯想中令事物回到最初的原點。是不是一件非常有意思的事情？

快來動動我們的大腦，將自己置身於聯想力的巨大風暴之中吧！

Part13　聯想能力訓練思維遊戲

積極的暗示

有個國王，做了一個很奇怪的夢，夢見山體下滑、水枯和花落三種景象。國王為此很焦慮，不知道這夢到底寓意著什麼，於是找來解夢的大臣。大臣聽後，失色道：「山指江山，水指百姓，山倒水枯意味著江山社稷不穩和民眾離心，花落則說明好景不長。這可是凶兆。」聽完解夢大臣的解釋，國王因恐懼而病倒了。王后知道這件事情以後，也替國王解了夢，而王后的解釋使國王頓時心情舒暢。

你知道王后是怎麼解夢的嗎？

答案

王后說：「山倒地平，是天下太平的意思；水落石出，是真龍現身的意思；花落秋來，說明碩果纍纍。這一切都說明大王就是能讓國泰民安的真龍天子。」

紀曉嵐題匾罵和珅

　　和珅和紀曉嵐一向是死對頭。有一次，和珅請紀曉嵐為自己新建的庭院題匾，紀曉嵐便寫了「竹苞」兩個蒼勁的大字。和珅以為是「竹苞松茂」之意，於是很開心，連聲道謝。有一天，乾隆去參觀和珅的新庭院，看到「竹苞」二字之後不禁大笑起來，對和珅說出了這兩個字的真正含義。和珅氣得捶胸頓足，趕緊讓人把匾取了下來。

　　你知道紀曉嵐的「竹苞」的真正意思是什麼嗎？

答案

　　紀曉嵐實際上是罵和珅是草包，他用拆散字形結構的偏旁筆畫方式寫字，說的是「個個草包」（個古字為个）。

城市謎語

下面的每個詞語都代表著一個臺灣地名，請你運用聯想思維猜一下它們分別是哪些地方？

①鼠牛虎兔。②阿嬤卜嫁翁。③君子之交。④飲水思源。⑤二級上將。⑥豬母食十二桶潘。⑦成績優良。⑧雲長過海。⑨寒天起火堆。⑩萬世太平。

答案

①後龍。②公館。③淡水。④知本。⑤三星。⑥大肚。⑦學甲。⑧關渡。⑨暖暖。⑩永和。

巧改對聯氣富紳

古代有一家欺行霸市的大戶人家，父子倆為了炫耀自己名門大戶的威望，豪擲千金各買了一個「進士」功名，婆媳倆也因此被封為「誥命夫人」。除夕之夜，富紳按捺不住得意的心情，命人在門上貼了這樣一副對聯：父進士，子進士，父子同進士；妻夫人，媳夫人，妻媳同夫人。鄉親們看不慣這戶人家的飛揚跋扈，心裡很是氣憤，但嘴上也不敢說什麼。有意思的是，第二天早上家丁開門時，再看對聯臉都變白了，慌忙將老爺請了出來。富紳不知發生了什麼事情，待定睛一看，竟氣得當場暈了過去。原來，有人利用夜晚時間偷偷地在對聯上加了幾筆，對聯的意思就變成了：父也亡，子也亡，父子同死亡；妻沒了丈夫，媳沒了丈夫，妻媳都沒了丈夫。

發揮你的聯想猜猜這副對聯被改成了什麼。

答案

改後的對聯是：父進土，子進土，父子同進土；妻失夫，媳失夫，妻媳同失夫。

牡丹畫的寓意

有一位著名的國畫大師，非常擅長畫牡丹。有一天，一個富人慕名去找他，看到畫家的畫後非常欣賞，於是花重金買下了一幅牡丹圖。富人回去之後，很高興地把畫掛在客廳。有一位朋友看到了富人的畫，說那幅畫不吉利，他的解釋是：因為牡丹花並沒有畫完，還缺少一部分。而牡丹是富貴的象徵，畫的寓意就成了「富貴不全」。富人的想法則剛好與那位朋友相反，你知道富翁是怎麼想的嗎？

答案

富人說：「牡丹象徵富貴，缺了邊，就是『富貴無邊』的意思。」

箱子不見了

小明要跟著爸爸搬到市區上學。出門之前他把自己的玩具全部裝進一個箱子裡，然後從家門口數了 30 步，挖了個洞，把箱子埋了下去。四年以後，小明又回到了自己的家。想到自己之前的玩具，就從門口數了 30 步，但是他怎麼也找不到自己的箱子了。他站在那裡想了一下，終於知道是什麼原因了，於是換了個地方挖，一下子就挖出來了。

你知道這是為什麼嗎？

答案

因為時間已經過去四年，小明已經長大了，四年前的 30 步與現在的 30 步並不是相等的距離。

未卜先知的「盲人」

有一個算命的盲人在集市上擺攤。有一天,一個富紳去算命,盲人讓他報了生辰八字,然後又給富紳摸骨。一會兒,盲人突然臉色大變,壓低嗓音對富紳說:「太可怕了,我算到你會被人謀殺。會有一個穿風衣的男人,在你背後開槍,你這一劫是很難逃過的。」

富紳聽了盲人的話,連錢都沒有給,撒腿就跑了。第二天,富紳在街上被人從後面槍殺了。警方追捕到凶手時,凶手已墜樓身亡。他身上穿著風衣,手裡拿著槍,情形跟盲人說的一模一樣。

盲人為什麼能算得如此準確?其中有什麼緣由呢?

答案

因為算命的人是裝瞎,在給富紳摸骨的時候他已經看見有一個穿風衣的人在用槍瞄準富紳,於是提醒了富紳。富紳躲過了一時,但是,第二天他還是被槍殺了。

塑膠管裡的滾珠

一個週末，小明和爸爸一起玩遊戲。爸爸找來一個兩端開口的塑膠軟管，然後在裡面塞入 11 顆大小相同的滾珠，滾珠的直徑剛好可以塞進軟管中，其中有 5 顆滾珠是黑色的，其他 6 顆滾珠是白色的。並且，它們的順序從左到右是 3 顆白滾珠、5 顆黑滾珠，然後又是 3 顆白滾珠。現在，爸爸讓小明想法把黑滾珠先取出來，而且不能切斷塑膠軟管，也不能讓白滾珠先出來。

你知道該怎樣取嗎？

答案

可以把塑膠軟管彎曲一下，把兩個口對接在一起，然後把一端的白滾珠擠到另一端，這樣就能按要求把中間的黑滾珠取出來。

猜謎招親

有個宰相,他的女兒到了婚嫁年齡,前來提親的人絡繹不絕。宰相覺得那些有錢人家的公子都是些花花公子,女兒無論如何是不能嫁給那些人的。有一次,宰相聽說一個叫張義的人很有才華,於是就派人把張義叫到自己府上,想考一考他。宰相說:「我請教你一個字。一字九橫六豎,問遍天下不知。有人去問孔子,孔子想了三天。」張義等宰相說完,馬上說出了這個字。宰相很高興,就把張義留在身邊重用,又把女兒嫁給了他。你知道宰相說的是什麼字嗎?

答案

謎底是「晶」字。

鄭板橋的謎語

有一天,鄭板橋路過一所學堂,聽到裡面傳來嬉笑的聲音。走過去一看,原來是一群調皮的學生不聽老師講課,正在打鬧。鄭板橋生氣地說:「你們太不像話了,趕快好好讀書吧!」

有一個學生看鄭板橋穿著布衣草鞋,以為他是個老農民,就傲慢地說:「窮光蛋還來教訓我們!我問你,你會寫詩嗎?」鄭板橋說:「我不光會寫詩,還會出謎呢!」他看到學堂旁邊是廚房,裡面有一樣東西,就當場吟了一首詠物詩:「嘴尖肚大個不高,放在火上受煎熬。量小不能容萬物,二三寸水起波濤。」學生們猜了半天,誰都猜不出來,只好老老實實地讀書了。你知道鄭板橋說的是什麼東西嗎?

答案

答案為水壺。

刁難媳婦的婆婆

古時候,一個女子出嫁不久,準備回娘家辦事,婆婆很不樂意,於是便為難媳婦,讓她帶一樣東西回來。婆婆沒有明說是什麼東西,而是出了一個謎語:「大圓球,滿天紅,裡面住條小火蟲,白天火蟲睡大覺,晚上火蟲鬧天宮。」媳婦記下了,便在回娘家的路上思索婆婆的謎語。正在她愁眉苦臉思索的時候,看到一位老者,就上前請教,老者告訴了她謎底,並告訴她一個新的謎語。從娘家回去以後,她對婆婆說:「您要的東西我帶回來了,它是『打我我不惱,背後有人挑,心裡似明鏡,照亮路一條。』」婆婆一聽,知道媳婦不僅猜出了謎底,還表示自己是通情達理的人,也就不再為難她了。

你知道婆婆要媳婦帶什麼回來嗎?

答案

婆婆要媳婦帶燈籠回來。

杜牧微服私巡

唐朝詩人杜牧曾經擔任州官。為了了解民情，他經常微服私訪。有一次，他到了杏花村，聽說村裡有一位既聰明又漂亮的女子，就想去看看。他來到女子家的飯館坐下，那位女子走上前去招呼，說：「先生這是第一次光臨小店吧？請問尊姓大名？」杜牧並沒有回答，只是吟了一副對聯：「半邊林靠半坡地，一頭牛同一卷文。」那位女子一聽，馬上行了個大禮，說：「原來是州官大人，小女子有禮了。」杜牧很吃驚，沒想這位女子反應這麼快，這才相信女子的確聰明過人。

你知道杜牧對聯的意思嗎？

答案

那副對聯就是「杜牧」二字。

唐伯虎問路

有一次,唐伯虎去看望一個多年未見的朋友。他走到一個岔路口的時候,發現有左、中、右三條路,於是不知道該怎麼走了。這時候,他看見前面走來一個小女孩,他想去問路可是又不好意思。見四周沒人,他只好問那個小女孩。小女孩在地上寫了個「句」字就走了。唐伯虎以為小女孩是自己玩呢,但仔細一看,發現原來小女孩已經回答了自己的問路。於是,他就按照小女孩的指點走,很快找到了朋友的家。

你知道小女孩為唐伯虎指的是哪一條路嗎?

答案

答案為左。因為「句」是方向的「向」少左邊的一豎,所以向左走就對了。

夫妻巧對詩

有一對夫妻,精通古代文學,經常對詩,因此,他們的生活充滿詩情畫意。妻子每做一道菜,丈夫總能對出一句優美的詩。有一天,丈夫想對妻子出一個難題,他給了妻子幾顆雞蛋,要她做一桌子菜,並且要求用這些菜吟一首古詩。妻子欣然答應了,很快就做了四道菜。第一道是兩個餛飩蛋黃,上面幾根青菜絲;第二道是把熟蛋白切成小塊,排成一個隊形,下面鋪一張青菜葉子;第三道是清炒蛋白;第四道是一碗清湯,上面漂著半個蛋殼。妻子邊上菜邊吟詩,丈夫見了非常欣賞。

你知道四道菜分別表現的是哪四句詩嗎?

答案

兩隻黃鸝鳴翠柳,一行白鷺上青天。窗含西嶺千秋雪,門泊東吳萬里船。

熱情好客的馮夢龍

明朝著名戲曲家馮夢龍不但喜歡舞文弄墨,而且熱情好客。某次,他一位姓李的朋友來拜會。馮夢龍設宴招待,命僕人張羅了一桌好酒好菜。

在後院準備用餐之際,馮夢龍看缺少一樣用餐的重要工具,就對家裡的書僮說:「你快去拿一件東西,送到後院來!」書僮問:「是什麼東西呢?」馮夢龍脫口而出:「有面無口,有腳無手,又好吃肉,又好吃酒。」書僮愣在那兒,猜不出應該去拿什麼。

請問你知道馮夢龍要書僮拿什麼嗎?

答案

馮夢龍要的是酒桌。

Part14
分析能力訓練思維遊戲

　　在細枝末節的碎片中找尋事件發生時的真相，面對紛亂複雜的資訊卻總是能過濾出自己想要得到的唯一答案。相信每一個充滿求知欲的你，都想成為一個觀察敏銳的小小神探吧！像大偵探福爾摩斯或者是柯南一樣，從事件背後挖掘出不為人知的祕密。

　　這要求我們在面對事物的時候也要有足夠的耐心和精力，能夠不斷挖掘並了解自己接觸到的信息。就像我們要了解一片海洋之前，總是要時不時地舀出一勺海水來，不斷地觀察才能催生更深層次的了解。

　　想不想檢測一下自己的分析能力怎麼樣呢？快用這一章節的題目來試一試吧！

Part14　分析能力訓練思維遊戲

不真不假的話

有一群背包客去登山。登到山頂後,有人提議玩遊戲,每個人說一句不真不假的話。可是,許多背包客絞盡腦汁,都無法說出一句不真不假的話。於是,提議者急了,他對大家說:「好了,現在我給大家施加點壓力,如果你們還是說不出一句不真不假的話,我就要進行懲罰了。說真話者,罰款20元;說假話者,罰款10元。」

張恆是這群背包客中最聰明的,這時,他不慌不忙地說了一句話,替大家解了圍。所以,再沒有人因此受到懲罰了。那麼,你知道他說的是什麼話嗎?

答案

張恆說:「我將被罰10元。」如果這句話是真話,那麼張恆將被罰款20元,但他說自己要被罰10元,則這句話又不是真的;而如果這句話是假的,那麼張恆將被罰款10元,但他又是在說一句真話。所以,他說的是一句不真不假的話。

絕跡的腳印

在海岸之上有一處懸崖峭壁，深冬之時，峭壁被皚皚白雪覆蓋。奇怪的是，有一串腳印由遠處的村莊一直來到懸崖邊上，卻沒有後退的腳印，這樣看來，這個人應該是跳崖自殺了。可是經過調查了解，該村莊並沒有人跳崖自殺。請仔細推理一下，這是怎麼回事？

答案

這是一個人為偽造的自殺現場。作案者製作了一副高蹺，高蹺的腳尖是朝後的。在大雪來臨之前，他帶著高蹺來到懸崖上，雪停之後，他踩著高蹺回到了村莊裡。他正是利用了高蹺留下的與常人行走方向相反的腳印迷惑了眾人。

Part14　分析能力訓練思維遊戲

多餘的錢去哪兒了

三個人到外地出差，在某旅館共開了三間房，每間房1,500元，於是，他們一共花了4,500元。後來，老闆覺得三間房只要3,750元就行了，於是，他叫服務生退750元給三位房客。誰知，這位服務生貪心，自己留了300元，只給每位房客退了150元。也就是說，最終每位房客各花了1,350元住宿，三個人總共花了4,050元，加上服務生私吞的300元，總共4,350元。可是當初，他們三個人總共花了4,500元住宿，那另外的150元錢去哪兒了？

答案

不要被事物的表象迷惑，仔細分析一下，你會發現，題目中出現了偷梁換柱的問題。只要從輸入和輸出相等的基本點出發，問題就能迎刃而解。輸入為：三個人的住宿花費是1350×150＝4,050元；輸出為：老闆所得3,750元加上服務生私吞300元，總共4,050元。兩者相等，所以，沒有錯帳問題。

古夫金字塔的高度

埃及金字塔是古埃及法老和王后的陵墓,是世界八大奇蹟之一。埃及金字塔中最高的是古夫金字塔,它的神祕和壯觀吸引著無數人駐足觀望。古夫金字塔邊長 230.6 公尺,由 230 萬塊重達 2.5 噸的巨石堆砌而成,但塔身是斜的,一開始,金字塔的高度很難測量,直到後來,有一位數學家利用光線和投影的原理解決了這個難題,你知道他是怎麼做的嗎?

答案

數學家利用光線和投影的原理,找一個人站在金字塔旁邊,當陽光照在這個人和金字塔上時就會投下陰影。當被測量者的影子和身高相等的時候,即光線斜射角度為 45 度時,測量出金字塔陰影的長度,即為金字塔的高度。

逃命的猴子

老獵人在森林中發現了一隻猴子，他果斷而熟練地架好獵槍，準備射擊。與此同時，猴子也意識到了自身的危險，牠準備放開此刻所攀爬的樹枝，向下墜落，以求躲開子彈。假設老獵人扳動獵槍的時間和猴子墜落的時間相同，那麼，不考慮空氣阻力的話，猴子能成功逃脫獵人的槍口嗎？

答案

不可能。猴子的下落距離與子彈的下落距離（子彈軌跡在豎直方向的分量）是完全相同的。無論速度如何，猴子都將被獵槍擊中。

速降滑雪賽

哈利和布羅迪一家每逢過年都會到西奧倫參加速降滑雪賽,今年的比賽哈利信心滿滿,因為他換了最新款的雪橇,速度比布羅迪的舊款雪橇要快 2.5 倍,在 1,000 公尺的賽道上,哈利領先布羅迪 6 分鐘取得了勝利。那麼,根據這些信息,你能否判斷出,他們各自用了多長時間跑完 1,000 公尺?

答案

由於比賽過程中哈利和布羅迪的速度之比為 2.5：1,所以他們跑完全程的時間之比為 1：2.5。假設哈利所用時間為 X,則布羅迪用時 2.5X,2.5X － X ＝ 6,解得 X ＝ 4 分鐘。所以在 1 公里的賽道上,哈利用時 4 分鐘,布羅迪用時 10 分鐘。

接雨水問題

通常，乾旱的地方比較少雨。俗語云：滴水貴如油。在乾旱的地方，一旦有大的降雨，人們紛紛用自家大大小小的水桶接雨水用。如果說在沒風的時候，傾盆大雨如柱落下，大約 20 分鐘就可接滿一小桶雨水，試問，在颱風的時候，雨水下落時偏斜 30 度，但雨的大小不變，那麼，這時候，接滿一桶水要多長時間呢？

A. 大於 20 分鐘

B. 小於 20 分鐘

C. 約 20 分鐘

答案

答案為 C，水量與水桶口的面積和雨的大小有關，和有無大風沒有關係，所以，接滿一桶水的時間還是 20 分鐘。

船夫與商人

　　清朝時，有一位富甲一方的商人沈某，他經常外出做生意。某天晚上，他去找一位船夫租船，準備在第二天天不亮時就去進貨。船很快租好了，按照約定，第二天，沈某就帶著大包銀兩出發了。兩個時辰後，沈某的妻子在家聽到一陣急促的敲門聲，並聽人喊道：「沈大嫂，沈大嫂，快開門！」沈某的妻子急忙開門，看到船夫焦急的神情，便問出了什麼事。船夫說：「大嫂，昨天沈老闆不是說好天不亮就出發的嗎？現在天都亮了，他怎麼還沒來呢？」

　　沈某的妻子感到有些蹊蹺，她心想，丈夫明明一大早就出去的，不可能還沒見到船夫吧。於是，他們便一塊去河邊尋找。結果，找了半天，仍沒找到沈某。沈妻意識到丈夫可能失蹤了，就到縣衙去報案。縣令聽完沈妻的訴狀，很快斷定沈某是被船夫殺害了。

　　那麼，縣令是怎樣做出這一判斷的？

Part14　分析能力訓練思維遊戲

> **答案**
>
> 　　船夫若是認為沈某在家的話,一定會喊沈某的名字,而不是直接喊沈妻。他之所以這樣喊,是因為他已經殺掉了沈某。

咖啡謀殺案

格蘭特與狄德羅為一筆大生意鬧得不太愉快，兩人表面上和氣如初，實際上卻矛盾重重。一天晚上，格蘭特邀請狄德羅到家中做客，格蘭特事先煮好了咖啡，為了散熱，他將咖啡壺上的蓋子掀開。狄德羅來後，格蘭特先為他倒了一杯咖啡，然後又給自己倒了一杯。狄德羅故作禮貌地將第一杯咖啡讓給了格蘭特，格蘭特馬上附和道：「別那麼客氣，都是這麼多年的老朋友了，我們一直是最佳的合作夥伴，就像魚離不開水一樣，我也離不開你，你可不要聽信別人的話，對我有什麼懷疑啊！」說著將咖啡一飲而盡。

狄德羅覺得不好意思，看著格蘭特先喝了，於是自己也喝了起來。咖啡過半，格蘭特又替狄德羅添了一些。但這次沒喝多少，狄德羅便覺得腹痛難忍，最後毒發身亡了。你知道狄德羅是怎麼死的嗎？

答案

格蘭特早就對狄德羅起了歹意，他事先將毒藥塗在壺蓋上，第一次倒咖啡時，壺蓋是掀開的，因

Part14　分析能力訓練思維遊戲

此沒毒,第二次倒咖啡時,格蘭特將壺蓋蓋上,於是整壺咖啡便沾染了毒藥,狄德羅喝下後便會喪命。

被淹死的鴨子

馬戲團的馴獸師把幾隻稀有品種的鴨子用船從美洲運往歐洲。船在大西洋航行了很長時間，有一天，馴獸師發現鴨子的羽毛變得黑乎乎的，已經黏到一起了，很髒。於是，他找來一個大桶，灌滿水，讓鴨子在裡面洗澡。過了一個多小時，馴獸師再來看鴨子的時候，發現鴨子都沉到水底淹死。

鴨子是會游泳的，為什麼會被淹死呢？

答案

鴨子的尾部有尾脂腺，能不斷分泌出脂肪。鴨子游泳的時候會不斷把尾部分泌的脂肪塗在羽毛上，這樣一來，羽毛就會與水隔開。鴨子的鴨毛就不會打溼。馴獸師的鴨子已經很髒了，羽毛黏到了一起，說明羽毛已經不能與水隔開。因此，羽毛被打溼後，鴨子就會沉到水底。

燕燕的約會

燕燕下午 5 點下班後在公車站等車,她要去赴約。但是,20 分鐘過去了,公車遲遲不來,她開始有些著急。因為這是她和男朋友的第一次約會,約定的時間是傍晚 6 點鐘,她不想遲到。為了做個守時的人,她決定步行走到約會地點。如果搭公車的話,她 15 分鐘就可以到那,但是步行的話要 40 分鐘。

當她走完路程的一半時,後面有一輛公車趕過來了。她馬上搭公車走完了剩下的路程,並且按時到達了約會地點。那麼,與一開始就搭乘公車相比,她現在浪費了多少時間?

答案

她一分鐘時間都沒浪費。許多人認為,她步行了一段時間,所以用的時間多了一些,但是,她步行的這段時間正好相當於等公車的時間。所以,她並沒有因步行而浪費一分鐘時間。

折報紙

許多人認為，折報紙是一件極其簡單的事情，那麼請問，一張普通報紙可以對摺 10 次以上嗎？

> **答案**
>
> 不可以。一張報紙，無論薄厚，要想對摺八九次幾乎是不可能的。因為，紙張每對摺一次，它的頁數就會翻一倍，也就是說，它的厚度也會翻一倍。當一張報紙對摺一次時，它變成了兩頁；對摺兩次，它變成了四頁；對摺三次就是八頁。當它對摺到第九次時，它的頁數達到了 512 頁，它的面積在變小，而它的厚度也已相當於 3 公分。所以，再次對摺是不可能的。

Part14　分析能力訓練思維遊戲

安全治療

14世紀時，歐洲爆發了一場恐怖至極的傳染病——黑死病。黑死病是由鼠疫耶爾森菌引起的自然疫源性疾病，死亡率高，危害性極大。

在一個小城鎮的醫院裡，一位黑死症病人剛剛被運送過來。3位醫生要輪流上陣為這位病人進行醫治。然而，由於疾病的蔓延，消毒手套已是供不應求，而醫院裡可用的消毒手套也只剩下兩副。但是，為了防止感染，不光病人和醫生不能有直接或間接的接觸，3位醫生之間也不能有接觸。那麼，怎樣合理地使用這兩副手套才能保證醫生和病人都是安全的？

答案

第一位醫生在為病人進行醫治時，需戴兩副手套。使上面套的那副手套的外部接觸病人。第二位醫生戴第一位醫生套在外面的那副手套，同樣使這副手套的外部接觸病人。第三位醫生將第一位醫生戴的裡面的那副手套翻過來戴上，再將外面的那副手套套在外面，這樣，和病人接觸的那面仍是第

一、二位醫生所戴手套的外部的一面。如此,則醫生和病人、醫生和醫生之間便不會有直接或間接的接觸。

取球遊戲

某密封的紙箱中有 N 顆乒乓球。遊戲者從紙箱中取球,每次取出乒乓球個數的一半後,再放進去一顆。如此反覆 36 次後,紙箱中的乒乓球還剩 2 顆。那麼,一開始的時候,紙箱中共有幾顆乒乓球?

答案

2 顆。取出一半和放進一顆是一樣的,所以,一開始的總數為 2 顆。無論怎麼取,紙箱中的總數是不變的。

Part15
綜合能力訓練思維遊戲

　　相信在經過前面的訓練之後，你們的各項能力都有了不小的進步和提升。那麼在本章節裡，就讓我們透過一系列糅合了各種思維訓練的要求的題目來考驗並測試你們的能力吧！

　　在這個過程中，希望你們能夠不斷地調動就在不久之前還被很好地運用著的各項思維能力，透過不斷的訓練和發展，不斷地翻越一道道問題的山崗，走上勝利的彼岸。

　　希望在經受了我們一系列的思維鍛鍊以及考驗之後，能夠幫助你們在未來成為更好的人，向著成為下一個更好的「愛因斯坦」而不斷進步！

換還是不換

電視上我們經常會看到這樣的抽獎場面：現場有 3 枚金蛋供你選擇，你只能砸其中的一枚。這 3 枚金蛋只有一枚金蛋中的獎金為 2 萬元，其他兩枚則分別只有 200 元。當你選擇其中一枚金蛋時，主持人沒有先砸你選中的金蛋，而是砸另外兩枚金蛋中的一枚。砸開之後，不是 2 萬元。這時，主持人會再次讓你做出一個選擇，問你要不要重新換一枚金蛋來砸，這時你怎樣選擇才更容易中獎呢？

答案

剛開始的時候你砸中金蛋的機率是 1/3，砸錯的機率是 2/3。當另一枚金蛋被砸開，這時你再選擇的機率就變了。

當主持人再次讓你做出選擇時，如果你繼續堅持原來的選擇，且 2 萬元恰好在你選擇的金蛋中時，你中獎的機率就是 1/3×1 = 1/3。但如果 2 萬元不在你選擇的金蛋中，而是在剩下的那個金蛋中時，你中獎的機率便是 2/3×0 = 0，那麼，加起來，你中獎的機率就是 1/3。

這時，如果你改變主意，重新換了一枚金蛋時，如果 2 萬元確實在你選擇的那枚金蛋裡，那麼，改選另一枚金蛋的中獎機率是：$1/3 \times 0 = 0$。但如果你原來猜錯了，後來你改選的那枚金蛋剛好中獎了，這時的機率就是 $2/3 \times 1 = 2/3$。那麼，加起來，你中獎的機率就是 2/3。

所以說，在這種情況下，主持人讓你考慮重新做出選擇時，你改變原來做出的選擇，中獎的機率就會翻一番。

猜數字

伯恩、仲軒、叔仁是數學老師的三個得意弟子，他們三人都相當聰明。某次，數學老師發給他們每人一個數字（除0以外的自然數），並告訴他們這3個數總和為14。

伯恩看到自己手中的數字後，馬上說道：「我知道仲軒和叔仁的兩個數一定不相等了。」

仲軒說：「看來我們三個人的數字都不相等。」

叔仁想了一下，直接說道：「你們不用猜了，我已經知道你們兩人手中的數字了。」

他們手中的數到底各是多少呢？

答案

由伯恩所說可知，伯恩的數一定為單數，因為只有這樣才能確定仲軒和叔仁的和也為單數，因此不相等。

由仲軒所說可知，他手中的數一定是單數，且大於6，因為只有這樣，他才能確信三個人的數字都不相等，且他的數大於伯恩。這樣，叔仁手中的

數就是雙數。

　　由叔仁所說可知，他根據自己手中的數字得知伯恩和仲仁的數字之和，且知道兩人的數字均為單數，且其中一個是大於 6 的單數，這個結果便是唯一的，只可能是 7＋1＝8。因為如果這兩人之和大於 8，就會有兩種情況產生：比如 9＋1 或 3＋7，這樣，他就不能確定兩人手中的數字了。因此，伯恩、仲軒、叔仁手中的數字分別是 1、7、6。

辨別鉛球

現有 8 個鉛球，它們大小相同，但其中一個略微重一些。要想找出這個與眾不同的鉛球，可以透過一一在天平上秤量得到。但是，要想透過最少的次數找到這個較重的鉛球，你覺得應該是幾次？

答案

兩次。將這 8 個鉛球分成 3 個、3 個、2 個三組。

首先，分別在天平兩端放入 3 個球，當天平平衡時，說明較重的那個鉛球在剩餘的 2 個鉛球裡面。然後，分別將剩餘的 2 個球加在天平的兩端上，此時，天平向哪端傾斜就說明後放入的那個球便是重球。

假如天平偏向一方，就將輕的那端上面的三個球拿下來，將重的那端上面的三個球取兩個分別放在天平的兩端。這時，如果天平保持平衡，那麼剩餘的球便是重球，如果天平偏向一端，重的那端便是重球。

微妙變化拯救工廠

　　有一家牙膏廠，生產的牙膏在市場上很受歡迎，已經連續十年實現銷售額遞增，並且每年的成長率都在 10%～20%。可是，到了第十一年，業績卻停滯了，接下來的幾年也不見什麼好轉。於是，廠長開始商討對策。廠長許諾說：「誰能把今年的銷售額提升 10%，就給他十萬元的獎勵。」大家紛紛獻上自己的意見，但是廠長都不滿意。這時，一位年輕的技術員寫了一張紙條給廠長，廠長看後立即給了年輕技術員一張十萬元的支票。第二天，工廠按照年輕技術員的辦法進行了改進。到了年終，工廠的銷售額成長了 20%。

　　你知道年輕技術員在紙條上寫的什麼嗎？

答案

　　將牙膏管口直徑擴大一公釐。因為消費者習慣擠出相同長度的牙膏，如果管口直徑擴大一公釐，每天的消耗量就會增加。

罐頭裡的蚱蜢

希爾是一位成功的商人。他的公司是做食品生意的，主要生產罐頭。有一次，希爾率領他的團隊去參加一個食品專家鑑定會，並親手開啟一罐自己公司生產的「青菜罐頭」。但他開啟罐頭以後，發現青菜葉裡捲著一隻小蚱蜢。出現小蚱蜢肯定是工人不小心造成的，如果專家們看到這隻蚱蜢，希爾的公司肯定聲名狼藉。就在那個時候，他腦中閃出很多應急的辦法：解釋蚱蜢出現的原因？說蚱蜢是一種特殊原料？說蚱蜢是一種營養新增物？為了考驗專家的眼力？故意開個小玩笑？把蚱蜢攪到罐底？故意失手打碎罐頭？……然而，一切都太冒險了。希爾最終採用了一個讓旁人不知不覺的好辦法。

你能猜到他是怎麼做的嗎？

答案

希爾迅速拿著勺子，舀起捲著小蚱蜢的菜葉，放進自己嘴裡，還幽默地說：「這麼美味的罐頭，忍不住先嘗一口。」

與騙子打賭

在一個非常熱鬧的集市上,一個騙子靠與別人打賭贏錢。按照規矩,一個人說一句話,如果對方不相信的話就要付給說話的人 5 元。在打賭的人中,很多人都是輸錢的。這個時候,有個小孩走上前去。奇怪的是,他只對騙子說一句話,騙子便回答不相信,然後無奈地給小孩 5 元。

你知道小孩對騙子說的是什麼話嗎?

答案

你欠我 10 元。騙子如果相信,就得還上 10 元,所以他只好說不相信,這樣損失少一些。

王子求婚記

有一位王子，向鄰國的公主求婚。鄰國的公主既漂亮又聰明，她決定考考王子。她讓僕人端上兩個盆，其中一個裝著 10 枚金幣，另一個裝著 10 枚同樣大小的銀幣。僕人把王子的眼睛蒙上，並把兩個盆隨意調換位置，然後讓王子自己拿出一枚硬幣。公主告訴王子：如果他拿出的是金幣，自己就答應嫁給他；如果他拿出的是銀幣，就不答應王子的求婚。王子說：「能不能在蒙上我的眼睛之前，讓我調換一下金銀幣的組合呢？」公主同意了。

王子應該怎樣調換金銀幣的組合才更有把握娶到公主呢？

答案

王子可以在裝金幣的盆裡留 1 枚金幣，把剩餘的金幣倒入另外一個盆裡，這樣，盆裡就有 10 枚銀幣和 9 枚金幣，如果他選中的只是一個金幣的盆，拿出金幣的機率就是 100%；如果選中另一個盆，拿出金幣的機率就是 9/19。他選中兩個盆的機

率都是 1/2，所以，拿出金幣的機率是 100%×1/2 + 9/19×1/2 = 14/19。這樣就遠遠大於未調換前的 1/2。

影印身分證

佩珊是某公司人事部的一名職員，在為 3 名新同事辦理入職登記時，需要對 3 人的身分證正反面進行影印。影印機一次只允許影印兩個身分證的正面或反面，請問佩珊最少需影印幾次可將所有身分證影印完？

答案

答案為 3 次。將 3 名新同事分別名為甲、乙、丙。第一次，用影印機影印甲身分證的正面和乙身分證的反面，第二次，影印甲身分證的反面和丙身分證的正面，第三次，影印乙身分證的正面和丙身分證的反面。影印 3 次可將所有身分證影印完。

倒入游泳池的冰塊

一個人坐在一隻救生圈上,浮在游泳池中。他右手拿著的杯子裡有一塊冰塊。如果他把這冰塊倒入游泳池中,水位將在什麼時候上升?是在這冰塊倒入水中的時候,還是在這冰塊完全融化的時候?

答案

水位保持不變。當冰塊還在杯子裡,與人和救生圈一起浮在水中的時候,它排開與它同重的水。當冰塊掉入池中的時候,它還是浮著,仍然排開與它同重的水。當冰塊融化成水,它排開了與它同體積的水。與它同體積的水當然與它同重,但由於這是由冰塊融化而來的水,與它同體積的水也與冰塊同重。

小二黑吹牛

小二黑喜歡吹牛，但他的邏輯能力不強，因此常常被人識破。某次，他和二嘎在村北邊的大河渡口比游泳能力。二嘎是村裡的游泳高手，能連續橫渡大河兩個來回。小二黑向二嘎發出挑戰，張口說道：「二嘎，你信嗎？我上午一口氣橫渡了大河 5 次呢！」二嘎當然不信，順勢問道：「游完你回家了？」小二黑說：「是啊。」

二嘎冷笑兩聲，對小二黑說：「就是編謊話也不會編個好點的！」二嘎為什麼一下子就識破了小二黑的謊言呢？

答案

游完 5 次後，小二黑應該在河的對岸，因此不能立即回家。

沒有時間讀書

航航非常聰明，但不喜歡讀書，每次被媽媽催促讀書時，航航總以沒有時間讀書為由拒絕，且列出了一張時間表證明給媽媽看。

①睡覺要花去的時間（每天 8 小時），總計 122 天。

②週休二日要花去的時間，$2 \times 52 = 104$ 天。

③吃飯要花去的時間（每天 3 小時），總計 45 天。

④娛樂要花去的時間（每天玩 2 小時），總計 30 天。

⑤暑假和寒假 60 天。

共計：$122 + 104 + 45 + 30 + 60 = 361$ 天。因此，航航對媽媽說自己一年中只有 4 天時間可以學習，而且還不包括生病的時間，那麼，如果你是航航的媽媽，該如何反駁他呢？

> **答案**
>
> 航航把時間重複計算，比如：他將睡覺和吃飯的時間重複計入了週休二日與暑假和寒假的時間，所以，他所計算出的時間是不合理的。

才藝大比拚

甲、乙、丙三人參加「才藝大比拚」活動。他們均參加了4項比賽；他們最終的累積得分相同，均為17分；每個人在各項比賽中所得分數各不相同。他們之間的分數關係滿足下列條件：

①甲選手的兩項比賽得分和乙選手的兩項比賽得分相同；乙的另兩項比賽得分和丙的其中兩項比賽得分相同。

②甲和丙只有一項比賽得分相同。

③每人每項比賽的最高得分不超過7分。

那麼，甲與丙得分相同的比賽各得多少分呢？

答案

根據已知條件和③，我們可以對甲、乙、丙三人的所有可能得分情況做出推測，可能的情況如下：

1＋3＋6＋7=17。

1＋4＋5＋7=17。

2＋3＋5＋7=17。

2＋4＋5＋6=17。

再根據題中①、②兩個條件可以看出，每個人四項比賽的得分只可能是如下情形：

甲：1、3、6、7。

乙：2、3、5、7。

丙：2、4、5、6。

從上面可以看出，甲和丙的相同得分是6。

Part15　綜合能力訓練思維遊戲

分放巧克力

小蕊和小瓊是幼稚園的兩位老師，他們在和小朋友們玩遊戲。小蕊手中拿著 30 顆巧克力，桌子上放著紅色和綠色兩個包裝盒。小蕊要將小瓊的眼睛用黑布蒙上，然後小蕊往兩個包裝盒內分放巧克力。她往紅色包裝盒裡每次放一顆，往綠色包裝盒裡每次放兩顆。每放一次，旁邊的小朋友們就會拍一次掌。小瓊在小蕊放完巧克力之後根據拍掌次數來猜放在紅色包裝盒內的巧克力數量。如果猜對的話，巧克力就歸小朋友們，如果猜錯的話，巧克力就是小蕊的。小瓊共聽到了 21 次拍掌，她很快說出了放在紅色包裝盒內的巧克力數量。然後，小瓊和小蕊將它們發放給了小朋友們。

那麼，你知道放在紅色包裝盒內的巧克力有多少顆嗎？

答案

答案為 12 顆。因為拍掌的次數是 21 次，並將 30 顆巧克力全部放完，所以，這些巧克力不會全放在紅色包裝盒裡，也不會全放在綠色包裝盒裡。因為每次放在紅色包裝盒內的巧克力要比綠色包裝盒裡少一顆，如果將巧克力全部放在綠色包裝盒裡

則可放 42 顆,現在總共放入 30 顆,相比而言,少的那些巧克力是因為放入紅色包裝盒裡了,所以:(42－30)/(2－1)＝12,故有 12 顆放入了紅色包裝盒。

不一樣的鐘錶

某鐘錶鋪裡掛著四種樣式不一的鐘錶，這四種鐘錶的時間顯示也不盡相同。第一種款式的鐘錶每小時慢一分鐘，第二種款式的鐘錶每小時快一分鐘，第三種款式的鐘錶的錶針以正常速度逆時針旋轉，第四種款式的鐘錶始終保持正確時間，且正常執行。現在是早上的 8：40，這四種鐘錶都同時顯示著正確時間。那麼，再過多長時間，這四種鐘錶可以同時回到相同的時間？

答案

答案為 60 天後。第一種鐘錶每小時慢一分鐘，那麼一天會慢 24 分鐘，10 天就是 240 分鐘，四個小時，60 天之後，剛好慢了整整一天，即 24 小時。第二種鐘錶剛好相反，60 天後，剛好快了整整一天。第三種鐘錶每隔六個小時會與正常時間相重合。所以，這四種鐘錶會在 60 天後顯示同一時間。

三位旅行家

三位旅行家到聖地牙哥旅行，他們點了一份雞翅，並決定平分這些雞翅。但服務生的上餐速度實在太慢，過度的疲憊使他們很快在等待中睡著了。第一個人醒來後，雞翅已經上桌了，他吃掉了屬於他的那份，然後繼續睡覺。過了一會兒，第二個人醒來，他把認為屬於他自己的那份吃掉了，然後也繼續進入了夢鄉。再過了一會兒，第三個人醒來，他也將屬於自己的那份吃掉了，然後繼續睡覺。

就這樣，他們在餐廳待了一夜。第二天，服務生在收拾餐具時，發現桌子上還剩下 8 個雞翅。那麼，你知道桌子上原來有多少雞翅嗎？

答案

此題經過分析，可採用逆向思維進行推理。根據桌上最後剩餘的雞翅為 8 個可知，這是第三位旅行家吃掉了屬於他的 1/3 後剩餘的 2/3 雞翅。所以，他醒來時桌上的雞翅數量為：8/(2/3) = 12 隻。同樣的，這 12 隻也是第二位旅行家醒來時吃掉雞翅後剩餘的 2/3，因此，第二位旅行家醒來時桌上的雞翅

數量為：12/（2/3）＝18隻。這18隻雞翅又是第一位旅行家吃過後剩餘的2/3，因此，第一位旅行家醒來時桌上的雞翅數量為：18/（2/3）＝27隻。因此，他們一共點了27隻雞翅。

三位旅行家

國家圖書館出版品預行編目資料

愛因斯坦邏輯推理遊戲精選：形象作圖 × 假設排除 × 應變迂迴 × 聯想分析，別被表面數字誤導，15 個訓練方向讓你越玩越聰明！ / 張蓉 著. -- 第一版 . -- 臺北市：財經錢線文化事業有限公司 , 2024.11
面； 公分
POD 版
ISBN 978-626-408-072-9(平裝)
1.CST: 邏輯 2.CST: 思考 3.CST: 思維方法
176.4　　　　　　　113016630

電子書購買

爽讀 APP

愛因斯坦邏輯推理遊戲精選：形象作圖 × 假設排除 × 應變迂迴 × 聯想分析，別被表面數字誤導，15 個訓練方向讓你越玩越聰明！

臉書

作　　　者：張蓉
責任編輯：高惠娟
發　行　人：黃振庭
出　版　者：財經錢線文化事業有限公司
發　行　者：財經錢線文化事業有限公司
E - m a i l：sonbookservice@gmail.com
粉　絲　頁：https://www.facebook.com/sonbookss/
網　　　址：https://sonbook.net/
地　　　址：台北市中正區重慶南路一段 61 號 8 樓
8F., No.61, Sec. 1, Chongqing S. Rd., Zhongzheng Dist., Taipei City 100, Taiwan
電　　　話：(02) 2370-3310　　傳　　　真：(02) 2388-1990
印　　　刷：京峯數位服務有限公司
律師顧問：廣華律師事務所 張珮琦律師

-版權聲明-

本書版權為樂律文化所有授權財經錢線文化事業有限公司獨家發行電子書及紙本書。
若有其他相關權利及授權需求請與本公司聯繫。
未經書面許可，不得複製、發行。

定　　　價：375 元
發行日期：2024 年 11 月第一版
◎本書以 POD 印製
Design Assets from Freepik.com